これから学ぶ・理解する

子ども家庭福祉

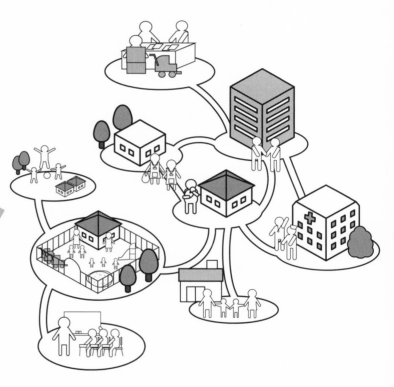

一藝社

編著／髙玉　和子
和田上貴昭

はじめに

　保育士を目指すみなさんにとって、「子ども家庭福祉」は大変重要な科目です。保育所や児童養護施設などの社会的養護関連施設、障害児を対象とした各施設や事業、子育て支援を行う各事業など、保育士が働く場はその多くが児童福祉法に規定されています。保育士資格の取得後にどのような職場で働くかをイメージする上でこの科目の学びは欠かせません。また、こうした子ども家庭福祉の現場で働くために、子どもたちを取り巻く状況や、どのような福祉サービスがあるのかを知ることも重要です。保育士として、目の前にいる子どもたちがどのような課題を抱えているのか、どのように支援すべきなのかを考える上で必要だからです。子ども家庭福祉は、こうした事柄について学ぶ科目です。

　ただし近年、子ども家庭福祉を取り巻く状況は大きく変化してきています。2023年4月からこども家庭庁が設置されたことに象徴されるように、子ども一人ひとりの権利擁護を掲げて国として取り組みを強化していこうとする点は大いに評価できる事柄だと考えています。同時に国がここまでの体制を構築して支援していかなければならないほど、子どもを取り巻く状況が良くないと言えます。

　こうした動きは今日始まったことではなく、2000年に児童虐待の防止等に関する法律が制定されて以降、国は子育てに介入できる体制を積極的に構築してきています。家庭における子育ての機能の低下、地域社会のつながりの希薄化、就労形態の変化など、さまざまな要因が虐待のリスクになり、それを改善していけるだけの力が家庭に十分にないことが、子育てを家庭だけに任せるわけにはいかない背景となっています。また、外国にルーツのある子どもたちの増加は、外国籍の人々の生活問題や子どもの文化的背景を尊重するなど、支援の対象として十分に捉えられてこなかった課題を改めて提示しています。ヤングケアラーについては、これまで隠れていた課題が表面化したものと捉えることができます。

　少子化については、国にとって将来の税収に直結する課題ですし、労働力不足という形ですでに社会問題となっています。他の先進国でも見られるように経済が発達し、都市化した社会において少子化は必然と言えますが、これ以上悪化させないためには、子どもを育てやすい環境の構築や、子どもを育てることに意義を感じられるような社会を構築することが必要と考えられます。事後対応的な支援だけでなく、親の就労環境の改善や経済的支援はそのために必須だと考えます。

海外に目を向ければ、災害や経済的な問題、戦争等により多くの子どもが悲惨な体験をしたり、亡くなっていたりします。トルコの地震、アフリカや東南アジアでの貧困状態、ウクライナへのロシアの軍事侵攻やイスラエルにおけるガザ地区での戦闘などがすぐに思い出されると思います。これらの事柄は私たちと無関係ではありません。日本でも東日本大震災の際には多くの国々の支援を受け、復興することができました。能登半島地震でも同様です。またグローバル化した経済体制の中において、経済的に豊かになる国があるということは、他の国の富（お金）が移動してきていることを意味します。つまり、豊かな日本は貧しい国々の存在により成り立っていることになります。戦争などの争いの背景には、民族や宗教、資源、政治、領土などの問題が存在します。たまたま日本では戦争が起きていませんが、こうした問題は日本にも存在します。

　こうした子どもを取り巻く課題を適切に捉え、子どもの権利を守るためには「子ども家庭福祉」の学びが必要になります。

　本書『これから学ぶ・理解する子ども家庭福祉』では、初めて学ぶ人たちにもわかりやすいよう平易な文章で解説しています。最新の情報と現状、施策の動向を記載し、ポイントを押さえた内容となっています。各章を担当執筆してくださった先生方は、子ども家庭福祉分野で研究、実践を重ね、各専門分野でご活躍なさっています。

　さらに本書を学んで理解が進むように、調べ学習「ワーク　調べて書いてみよう！」を各章に設け、自ら進んで取り組む姿勢を養うことを目的としています。自分で調べて記入することで、学習が定着することを狙いとしています。本書がみなさんの専門性を高め、将来に役立つよう願っています。

　最後に、刊行に至るまで全面的に支えていただいた一藝社の会長菊池公男様、代表取締役の小野道子様に深く感謝いたします。

2024 年 3 月吉日

編著者　　髙玉　和子

和田上貴昭

目　次

第6章 子ども家庭福祉の実施体制

第7章 子ども家庭福祉の施設・サービス

第8章 少子化・子育て支援施策

第9章 母子保健と子どもの健全育成

第10章 子ども虐待と社会的養護

第11章 障害のある子どもとその家庭への支援

装丁・イラスト／本田いく

第1章

子ども家庭福祉の理念

第1節　社会における子どもと子育て

1 ≫≫≫ 子どもの特徴

(1) 子どもとは

　皆さんは「子どもって何?」と質問されたらどのように答えるでしょうか。「0歳から小学校を卒業する12歳までの人」や、「18歳になる前の未成年」と年齢で答えるかもしれません。「幼い人」、「小さい人」のように、その心身の状態について答える人もいるかもしれません。「あの人の子ども」というように、親との関係で表現されることもあります。日常で使用される「子ども」という用語が意味する内容は多義的で、時期や心身の状態、関係性のことを指す場合があります。

　日本の法律ではどうでしょう。「子ども」と同様の意味を含む言葉はいくつかありますが、民法において「未成年」は18歳未満です。児童福祉法で「児童」は18歳未満です。一方、少年犯罪に対する取り組みを決めている少年法において「少年」は20歳未満です。ひとり親家庭への福祉サービスについて規定した母子及び父子並びに寡婦福祉法において「児童」は20歳未満です。子ども基本法においては、「こども」を「心身の発達の過程にある者」として、年齢による区分をしていません。このように法律の目的などによって、年齢の規定はさまざまです。児童の権利に関する条約では「児童」が原則18歳未満と示されていますので、現代社会においては、一般的に18歳未満の人が子どもであると言って良いでしょう。この時期は人の生涯において最も心身の発達・発育が盛んで、同時に社会の規範等を学ぶ時期です。ただし生物的にも社会的にも未成熟な状況ですから、多くの子どもが親の保護の下、親と共に暮らしています。子どもとは、将来に向けて必要な力を育まれている状態にある人で、社会的に配慮が必要な存在です。

(2) 子どもの発想と社会の受け止め

　子どもは既成概念に縛られない発想ができるため、大人にはない創造力や柔軟性があります。時に大人はハッとさせられます。例えば夜間の移動中に車内から月を見ていた幼児が、「お父さん、お月様がついてくるよ」と言いました。遠くに離れていくコンビニはだんだん小さくなり見えなくなるのに、月の大きさは変わらず、見え続けていることを不思議に思い、こうした発言をしたのでしょう。この現象についてあなたは科学的に理解し、正しく説明できますか。またその理由を考えたりすることはありますか?　「そういうものだ」と認識して

いるので、深く考えることをせずに過ごすことが多いのではないでしょうか。しかしながら子どもは「そういうものだ」とは捉えずに、自分で考えます。たとえ「ついてくる」というような稚拙な理解であっても、こうした考える姿勢は素晴らしいと思います。

近年、中学校や高校で校則に対する議論が話題になっていますが、「なぜ髪型について制限をする必要があるのか」、「なぜ服装について細かい規定があるのか」など、子どもたちの疑問はもっともなことばかりです。「これまでそうだったから」というのは答えにはなりません。先ほどのお月様の例のように、既成概念にとらわれている大人は「そういうものだ」と認識し、この状態を放置してきたという側面があるかもしれません。また、子どもの意見を軽視してきたという側面もあるかもしれません。大人は自分よりも理解が浅いと考えて子どもの意見を尊重しないのです。これについて、パターナリズムによるという捉え方をすることもできます。パターナリズムとは、ある人の保護や利益を守ることを目的に干渉することですが、本人の意向を確認せずに良かれと思って行う場合もあります。この場合、善意の行為であるため、本人の意見を聴こうという発想にならないのです。むしろそれに本人が反発する場合には、「せっかくしてあげているのに」と押し付けがましい態度となってしまうのです。

もちろん、情報量や経験の差がありますから、大人の判断の方が妥当な場合はあります。しかし、子どもは考える力を持っています。校則は学校における子どもたちのルールを定めたもので、子ども自身のためのものです。ですから、その決定に子どもが参加しないのはおかしいと思います。大人はしっかりと子どもの意見を聴き、それを反映させていくことが必要だと思います。このように子どもは生物的にも社会的にも未成熟ながら、大人と同じように考え、主張していくことができる存在です。しかしながら、これまで社会の中でそうした力を尊重されてきませんでした。

2»»» 子育てとは

（1）育ちに必要な事柄

子どもは大人の保護なしに生きていくことができません。そのため親は子どもを育てる役割を持っています。ただし現代社会において親だけで子育てをすることは大変な困難を伴います。子育ての内容は、衣食住の保障、情緒発達等の促し、社会規範の伝達、教育の提供などです。

衣食住は子どもが生物として育っていくために必要なものです。ただし子育てにおいて、単に必要な洋服や食事、住む場所を用意すれば事足りるということではありません。それら

の提供は、身体的、情緒的な触れ合いを通して行われます。これらを通してアタッチメント形成や情緒発達が促され、アイデンティティ形成の基礎になっていくのです。また、社会で生きていくために身につけるべき規範を伝達することも子育てにおける重要な役割です。共に生活する中で親の言動から親の価値観の伝達が行われていきます。さらに社会で生きていくために必要な知識や技術を学ぶ必要もあります。多くは学校教育において提供されますが、学びの基礎は家庭生活の中で育まれますし、学校で学んだことを親が確認し、必要に応じて補助的な役割を果たすことも求められます。

　そしてこれらは子どもの発達と共に変化するものです。自分で箸を持てない乳児には親が食事を口に運ぶことが必要ですが、2歳前後には、多くの子どもたちは自分でできるようになります。また小学生と高校生では、同じ友達関係の悩みでもその内容は異なるため、親が助言する内容は変わってきます。さらに子どもは個々に発達・発育の状況が異なりますから、親は子育てすべき内容について、子どもの状況を見極めながら行う必要があります。

（2）子育ての困難さと社会資源

　都市化に伴い家族の規模が小さくなった社会の中で、親だけがこれらの子育ての役割を担うのはとても大変なことです。夫婦共働きやひとり親家庭は、子育てだけでなく、仕事もする必要があります。親には親の人生があり、子育ては親の役割の一つです。仕事上のキャリアを重視したい親もいるでしょうし、子育て以外にも生きがいを持つ親は多くいます。親という役割だけを重視するのは、親の人としての存在を無視することになりかねません。それに「親だから子どものためだけを思って生きるべき」という考えは親に大きなストレスを与え、結果として適切な子育てを阻むことになりかねません。ですから子どもの育ちをより良いものにしていくためには、親に対して子育てしやすい環境を整える必要があります。

　図1-1は、子ども家庭福祉における子育て家庭と支援を行う社会資

図1-1　子育て家庭と社会資源

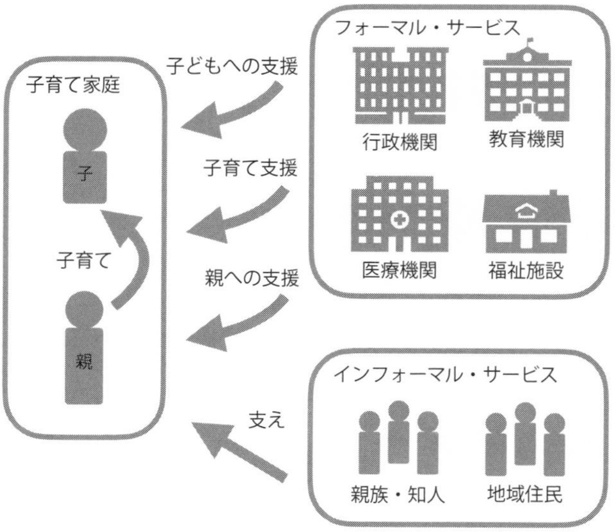

出典：筆者作成

源の関係について簡単に記したものです。社会資源とは、社会福祉において対象となる事柄への支援が可能な機関、施設、制度、団体、人などを表します。子育てを行うのは親となりますが、子育ては親だけでできるものではありません。周りの人々に支えられながら行っていきます。こうした周りの人々による助けをインフォーマル・サービスと言います。ただ、周りの人々の助けだけでは子育て家庭を支えることができない場合があります。親の仕事のこと、経済的なこと、悩み、不適切な子育てなどです。そうしたときに公的機関や施設などが法律に基づいて支援を行います。これをフォーマル・サービスと言います。その内容は、親の状況を支えるための支援として、児童手当などの経済的支援や育児休業などの就労に関する支援を行います。また子育ての悩みの相談に乗ったり、一時的に預かるなどの子育て支援も行います。そして保育や児童館の利用、社会的養護の利用など、直接的な子どもへの支援が行われます。現代社会においては、社会資源の活用なしに適切な子育てをするのは困難な状況にあります。

第2節　子ども家庭福祉の目的・理念

1 ≫≫ 子ども家庭福祉の目的

（1）子どもを護り、尊重する

　現代社会において、子どもは護られるべき対象です。社会が困難に陥った時に真っ先に苦境に立たされるのは、社会の中で弱い立場にある人々です。こうした人々を社会的ヴァルネラビリティと呼びます。子どもや障害者、高齢者、少数民族などのマイノリティがその代表的な例です。中でも子どもは、生物的にも社会的にも未成熟な状態ですので、弱い立場に置かれることが多くあります。ですから戦後構築された社会福祉の制度の中でも、児童福祉法は生活保護法に続き、早い段階で公布されました。当時、日本にとって迅速に対応すべき課題は戦災孤児の保護でした。親を亡くしたり、生き別れになった子どもたちを社会が責任を持って護り育てていくことが一番の目的でした。このように子ども家庭福祉の目的は、社会的に弱い立場にある子どもたちを護り、適切な環境で育つことを保障することです。

　一方で子どもは自身で考えて主張する力を持っていますが、近年までその意見は尊重されにくい状況にありました。これは単に未熟だということだけでなく、パターナリズムによる側面もありました。しかしこれは権利侵害と言って良い状況です。そのため子ども家庭福祉の目的には、子どもの権利擁護の観点から、立場が弱く尊重されない傾向にある子どもの意

見の発信を助け、尊重されやすい仕組みを作るという事柄もあります。

（2）親を支える

　子どもを護っていくためには、子どもが育つ環境の基盤になる親や子育てを支えていく必要があります。女性の就労率は高くなっていますが、一方で子育てのために就労を諦めたり、逆に子どもを産み育てることを断念したりするケースも見られます。少子高齢化の中で、国としては労働力の確保が重要な課題の一つになっていますから、労働人口の減少もさらなる少子化も国は望んでいません。例えば子ども家庭福祉の一つである保育施策は、日中、子どもを護るための取り組みであると同時に労働施策の補完的な役割も果たしています。子どもは将来国を支えていく人材でもあります。健全に子どもを育成していくことは、国にとってもメリットがあることになります。児童虐待の防止等に関する法律では、児童虐待が将来国を支える世代の育成にも懸念を及ぼすと指摘しています。子ども家庭福祉は単に子どもの権利擁護のための取り組みではなく、労働施策など国の経済を支えるための役割も果たしています。

2≫≫≫ 子ども家庭福祉の理念

　日本における子ども家庭福祉については、こども基本法や児童福祉法に記されていますが、ここではこども基本法の第3条（第15章 p.149 に条文掲載）の条文をもとに、その内容を見ていきましょう。

　最初に書かれているのは、全てのこどもが個人として尊重され、その基本的人権が保障されること、差別的取扱いを受けることがないことです。基本的人権とは、人が生まれながらに持っていて、誰にも侵されない権利とされています。自由権、社会権などです。自由権とは、自由に考え行動できる権利です。社会権とは、人が人間らしい生活を送れるための基盤を保障することを指します。生存権や教育権、労働の権利などです。こうした基本的人権は全ての人に保障されているわけですから、当然子どもも保障されることになります。

　そして適切に養育されること、その生活を保障されること、愛され保護されること、その健やかな成長及び発達並びにその自立が図られること、その他の福祉に係る権利が等しく保障されること、教育を受ける機会が等しく与えられることが挙げられています。先ほどの基本的人権が大人にも共通する権利ですが、こちらは子どもの特徴を踏まえた権利の保障について記されています。

　また、全ての子どもが、その年齢や発達の程度に応じて、自己に直接関係する全ての事項等に関して意見を表明する機会が保障されると同時にその意見が尊重されること、多様な社会的活動に参画する機会が確保されることが記され、子どもの最善の利益が優先されると記載されています。この点については、先ほどの基本的人権に含まれる内容ですが、子どもたちにこうした権利行使の主体としての存在であることが歴史的に認められるようになったのは児童の権利に関する条約以降ということもあり、あえて強調する意味で記されていると考えられます。

　子育てについては、家庭を基本として行われ、父母その他の保護者が第一義的責任を有するとされています。ただし、親だけに子育ての責任を担わせるのではなく、子育てに関し十分な支援を国や地方自治体が行うとされています。子育てについては、家庭や子育てに夢を持ち、子育てに伴う喜びを実感できる社会環境を整備すること。これも子ども特有の権利ですが、子どもの生活環境は親の状況に依拠しています。そのため、保護者が適切に養育できるように国や地方自治体が支えていくことが記されているのです。

　このようにこども基本法においては、子どもの持つ基本的人権と適切な養育が提供されることを保障する内容が記されています。児童福祉法においても概ね同様の内容が記されています。どちらも児童の権利に関する条約の理念に基づいた内容です。

【ワーク①】調べて書いてみよう！

1. 「パターナリズム」について調べ、このことに関するあなたが身近に体験した例を
　1つ紹介してください。

2. 児童の権利に関する条約の第12条について調べ、このことに関するあなたが身近
　に体験した例を1つ紹介してください。

第3節　子どもの支援と親支援

1 ≫≫≫ 支援の対象

（1）社会福祉における支援の対象

　社会福祉の対象は生活のしづらさです。生活問題とも表現されますが、これらの事柄は個人によるものではなく、社会の構造上の必然として生じるものとして認識されています。資本主義経済の体制をとっていれば、貧困のリスクは誰にでも生じるものです。貧困は、経済を基調とした現代社会の中では生活していく上での大きな障壁になります。また健常者を前提に構築された社会の中で障害者や高齢者が暮らす際には、階段などの物理的なものだけでなく、先入観などさまざまな障壁が生活をしにくくするのです。さらに暴力は権利侵害であると同時に安全を脅かし、心身に大きなダメージを与えるため、その被害者は生活しづらい状況に追いやられます。

　こうした経済的、物理的な問題や、人権上の問題は、その人の生きていく意欲をも奪うこともあります。国には国民を護り、安心して暮らせる環境を提供する役割があります。そのため、社会福祉はそうした生活のしづらさのある人に対して、国の責任において支援しているのです。

（2）子ども家庭福祉における支援の対象

　では子どもと子育て家庭の生活のしにくさとは何を指すのでしょうか。これまで説明してきた通り、子育てにおける親の負担は大きく、その子どもや家庭の状況に応じて異なります。また現代社会においては、家族のみで子育てを行うのは困難で、多くの家庭において保育や子育て支援サービスなど、福祉サービスの利用なしに子育てをすることが困難な状況になっています。したがって具体的な子ども家庭福祉の対象となる事象は、子どもに対する権利侵害や、適切な養育が提供されていない状況などが挙げられます。これらは別々のものではなく、重なりあうものであり、別の側面から見た状況であると言えるでしょう。家庭は子どもにとって心身の基礎を構築する重要な場です。ですからそれを構築する親を支えることは、子ども家庭福祉において重要な取り組みになるのです。

2»»» 福祉サービスの取り組み

（1）子どもの権利擁護

　子どもは権利侵害を受けやすい状況にあります。例えば児童虐待などの被害は権利侵害の最たるものです。子どもへの虐待被害は子どもに生涯に渡り大きな心身のダメージを与える可能性があるだけでなく、人格形成にも大きな影響を与える可能性があります。ですから、状況によっては家庭から子どもを分離して保護するという方法がとられます。一方で子どもが親と暮らす権利は保障されるべきです。親子分離は子どもの安全を守る一方、権利侵害の側面を持っています。国連の「児童の代替的養護に関する指針」においても、親子分離は「最終手段」で「一時的」で「短期間」であるべきとされています。そして親子分離について「定期的に見直されるべき」とされています（第14項）。こうしたことが子どもの最善の利益にかなうとされています。この指針では、そもそも親子分離が起こらないような活動を国は行うべきで、そのために「家族の養護機能」に対して支援すべきとされています。何が子どもにとって最善の利益になるのかを、その都度検討していく必要があります。

　また、子どもに障害などがある場合、適切な養育が提供されないリスクが生じる可能性があります。これは親の障害に対する知識の不足や心身のストレス、適切な福祉サービスの不備などが影響する場合があります。障害がある子どもだから何かを我慢しなければならないということにはなりません。他の子どもたちと同様に、その力を伸ばしていき、社会の一員として育てていくことが必要です。親が子どもの障害に対して前向きに子育てに取り組むには、周りの支えが必要になります。

（2）予防と健全育成

　子どもの権利侵害を防ぐためには、権利侵害が起こらないように子育て家庭を支援するという予防が重要であり、予防も子ども家庭福祉の役割となります。第1節では、親への支援、子育て支援、子どもへの支援の3つの側面について説明しました（p.10 **図1-1**）。これらも予防に関する取り組みを含みますが、子ども自身への働きかけは特に重要です。例えば、虐待被害に遭わないために、怒鳴られたり、叩かれたり、プライベートゾーンに触れられたりすることが権利侵害にあたることを、子ども自身が知っていれば、それを拒むことができますし、助けを求めることも可能になります。子どもが子どもらしく生きることがどのようなことなのかを、社会が適切に認識し、子どもを守ることが必要です。

【ワーク②】調べて書いてみよう！

図1-1（p.10）の「親への支援」「子育て支援」「子どもへの支援」について、具体的にはどのような取り組みがされていますか。予防と権利侵害後の介入の２つに分けて書き出してください。

	予 防	介 入
親への支援		
子育て支援		
子どもへの支援		

［和田上貴昭］

第2章

現代社会と子ども家庭福祉

第1節　現代社会と子ども家庭福祉

1≫≫≫ 子ども家庭福祉^{※1}の社会的背景

　社会福祉法が2000年に改正され、社会福祉全体のサービス提供方式は措置を中心とした体制から可能な限り、契約型へと制度改正が試みられました。サービスの提供方法においても地域福祉の充実が図られ、地域に「共生社会」の成立が可能となるよう「重層的支援体制」の構築が目指されています。子ども家庭福祉領域も例外ではなく、従来措置制度中心であったサービス提供方法も一部に選択的利用契約制度が導入され、支援の場も施設中心から在宅・家庭養育へと方向転換が図られています。さらにはその施設機能を地域に開放しながら、様々な子ども・子育て支援施策が展開されるようになりました。

　本章では子どもと家族を巡る現代社会の状況を踏まえて、既述のような社会福祉全体の制度改革の中で、子ども家庭福祉の現状、特に子育て支援を巡る状況について概観します。

2≫≫≫ 現代社会の特性と子ども家庭福祉

　周知のように、現代日本社会は「少子高齢化」と呼称されます。人口の高齢化（2023年の全人口に占める65歳以上の高齢者の人口の割合は29.0％）が進むとともに、合計特殊出生率の低水準（2023年は1.26）が続いています。その結果、社会全体は2005年頃から人口減少社会へと転じ^{※2}、特に人口減少が厳しい地域においては「限界集落」「将来消滅危惧都市」にいたる事態も確認されるようになりました。「限界集落」とは地域の人口減少が進み、地域の中で住民たちが協力して冠婚葬祭、特に地域行事や祭事を行うことが難しくなっている地域のことを言います。それは同時に子どもを巡る環境でも、子どもに関心を寄せたり、子育てを支えてくれたりする地域住民が減少していることをも意味します。

　このような社会状況を危惧して、2022年に児童福祉法が改正され、地域での包括的な子どもの産み育ての支援を企図した政策転換が図られました。可能な限り従来の法律や制度による領域ごとの縦割りを乗り越えて、地域社会の人々が皆で協力して子育ち・子育てを支援し、子どもとその子どもを養育する家族が安心して地域で暮らせるよう、子どもを巡る公私のサービスが協力する体制が目指されています。

　2023年にはこども基本法が制定され、併せてこども家庭庁が新設され、地域での包括的な子どもの権利擁護と子育ち支援、そして親や保護者と地域社会がともに支えあう子育て支

援体制の充実が図られることとなりました。

【ワーク①】調べて書いてみよう！

1．「こども基本法」はどのような理念をもとに成立したでしょう？

2．こども家庭庁は、子ども家庭福祉のどのような施策を担当するのでしょう？

第2節　子育て環境の変化

1 ≫≫ 家族の小規模化

　我が国の子ども家庭福祉は、第二次世界大戦に子どもたちの命や人権を護ることが難しかったことを顧みて、1947年に児童福祉法において"すべての子ども"を対象に"愛護"することを基本理念に、子どもたちの人権擁護を社会の責任としました。よって領域の呼称も児童福祉と総称されるようになりました。その後、1951年に児童憲章によってこの児童福祉法の理念の徹底が図られましたが、あまりに大きな戦争被害によって"浮浪児"と呼ばれた戦災孤児の施設入所による支援から、その歩みを始めざるを得ませんでした。

　やがて、1955年頃から我が国は高度経済成長の時代となり、多くの労働者を必要とするようになると、児童福祉分野でも保育所の整備を中心に保育施策の充実が図られていきまし

た。この高度経済成長の時代は単に我が国の経済が著しく発展しただけでなく、核家族に代表される家族の小規模化、家庭内での男女の役割分業（夫が働き、妻が専業主婦）など欧米化した"新しい"家族の在り方が定着していきました。同時に小規模化した家族はそのサイズに合わせた一軒家、あるいは大規模な集合住宅の一室を"マイホーム"とするライフスタイルを志向し、徐々に地域社会での親族や近隣との血縁や地縁によるつながり、つまりインフォーマルネットワークから独立したライフスタイルを志向するようになりました。

　しかし、こうした順調な経済成長は1970年代から徐々に減退し、さらには低経済成長へと移行します。バブル経済の破綻、あるいはリーマンショックといった大規模な経済変動によって倒産や失業といった経済的不安定ももたらし、貧困状況に陥る家庭が多く生じる事態となりました。こうした社会変動は、子どもや子育てをしている家族にも貧困状況をもたらしました。父親が専業で就労し、母親が専業で家事をするという、安定した経済状態を背景にした性別役割分業意識に基づく役割分担から、家族の在り方は徐々に共働き型へと変化していきました。これに伴い、子育てが家庭内でのケア：家庭養育から、社会的なケア：保育へとその在り方を変えていきました。

2 ≫≫≫ 孤立化する子育て家族

　さらに2000年代になって、先に述べた状況にある子どもや家族の子育ち・子育ての課題をより深刻な状況に追い込む結果となったのが、地域での血縁・地縁関係の希薄化です。「孤立無援（縁）」という言葉で表現されるように、"縁"の切れ目は"援助"への繋がりが絶たれてしまうことを意味します。従来、血縁や地縁による"縁：つながり"は、家族に何かあったときに即座かつ柔軟に対応しうるセーフティネットの機能を果たしてきました。しかし、先に述べたような欧米型のライフスタイルの志向は、血縁による多世代の大規模家族、あるいは拡大家族の形態から、子どもたちが原家族（定位家族）から独立して核家族で生活をする家族の小規模化を進めることとなりました。

　その結果、個々の家族はそれぞれのライフスタイルを重視し、血縁や地縁による交流から距離を置くようになります。小さな家族であっても、それぞれが元気で相互によく連絡を取り合っている状況であれば特に問題が生じません。けれども家族が高齢化して介護が必要になったり、子育てに不安や困難を抱えるようになったりした時、家族が"小規模化"していることで、家族の中に人手と知恵の不足が生じます。これが一番深刻な形で顕在化したのが高齢者の「孤独死」の問題です。「孤独死」は正確には「孤立死」と表現すべきでしょう。

老いや病気に伴う体調の悪化が生じた際、血縁や地縁が疎遠であるために "SOS" が周囲に届かず、結果として「孤独に亡くなる」のです。こうした状況は似たような家族形態で子育てをしている核家族にも同様で、" 孤立無援 " の子育ての中で児童虐待の問題が年々深刻化する状況にあります。

3»»» 子どもを巡る貧困問題

こうした状況に拍車をかけているのが「コロナ禍」とも表現される、新型コロナウイルス感染症に起因する諸問題により経済活動が混乱し、コミュニケーションが減退した2020年以降の社会情勢です。対策が明確に講じられない感染症下の社会では、人々の暮らし方が激変し、多くの産業や企業が業績不振や廃業に追い込まれました。そしてそこで働く子育て世代も、減給や失業の危機に陥りました。特にひとり親家庭のように単身で子育てをする家族の多くは、もともとの就業形態が不安定であることもあって、経済的な基盤を失い、さらなる貧困状態に陥る状況となりました。このような社会状況の中「子どもの貧困」への関心が高まり、公私の支援が展開されるようになりました。

子どもを養育する家族に生じる " 格差 " に起因する経済状況が、子育てに費やすことのできるお金に影響して、結果として子どもの養育費が工面できず、子どもたちの衣食住、さらには就学状況や余暇活動に " 格差 " を生じさせる状況が生じています。通称「子どもの貧困」とは子ども自身が貧しいのではなく、このような社会状況において親の経済力に格差が生じた結果、本来子どもが享受できる、さらには保障されるべき生育環境に様々な " 機会（チャンス）" の不足が生じている状況と理解すべきでしょう。

ここ数年、このような状況に問題意識をもって " 何かしたい " と動き出した市民活動が契機となって、全国に子ども食堂の活動が展開されるようになりました。お腹を空かせている子どもに何かできることはないかと、ある地域の青果店が店先で始めたのが、子どもへの食の提供でした。それが次々と活動に広がりをみせ、現在では食支援と学習支援を組み合わせた「子ども食堂」の活動へと日本全国に広がっています。中には子どもだけでなく、地域の中で孤立しがちな人々が誰でも立ち寄れる「みんなの食堂」に展開している活動もあります。

「子ども食堂」をきっかけにして地域の支え合いによる「みんなの食堂」ができ、それが国や社会を動かすような在り方が、子どもとその家族を支える方法を考える際に、私たちに良い示唆を提供してくれているのではないでしょうか。

1. 現在日本全体では、どのくらいの数の子ども食堂が展開されているでしょうか？

2. 子ども食堂ではどのような支援が提供されているでしょうか？

第3節　子育ち・子育て支援の展開

こども基本法とこども家庭庁の新設

　先に述べたように、現代社会は家族が小規模化し、地域でのつながりが希薄になってきています。言い換えればそれは子どもが育ち、家族が子育てをしようとするとき、家族や地域の中にその子育ちや子育てを支えてくれる人や知恵、そしてつながりが少ない社会になっていると言えるでしょう。そこで政府は2015年に、内閣府を中心に "「量」と「質」両面から子育てを社会全体で支える" ことができるよう「子ども・子育て支援新制度」を創設しました。これにより子ども自身を主体とした子育ちを支援するとともに、保育施策を中心に子育て支援の充実が図られました。

　さらには児童福祉法の改正が重ねられ、1994年に批准した「子どもの権利条約」の理念を踏まえた児童福祉の充実が徐々に図られ、児童福祉を巡る施策も法令によらず表現できるものは「子ども家庭福祉」と呼称されるようになります。これにより子どもへの支援と子育

てをする家族への支援が、両輪として整備されるようになりました。

　時を同じくして社会福祉全体のサービスの地方分権化が進み、子どもを巡る施策も市町村単位での整備へと移行していきます。これに合わせて、保育所利用が選択的利用契約制度に移行したり、市町村でも児童相談所の設置が可能となったり、各市町村にも子ども・子育て会議が設置され、市町村単位でそれぞれの子ども家庭施策の推進が図られるようになっていきました。

　そのような中、2022年に児童福祉法が改正され、地域での包括的な子ども・子育て支援が構想されるとともに、2023年にこども基本法が制定され、こども家庭庁が新設されました。こども基本法は子どもを巡る施策を包括するとともに、我が国の子ども家庭福祉に、子どもの権利条約の理念に基づいた「子どもの最善の利益の保障」を具体化することを意図しています。市町村がそれぞれの自治体の状況に応じて施策を実施する、先に述べた責務が明確にされ、これを可能とするように子育てをする家族の子育て環境を改善すべく、雇用状況への配慮が努力義務となりました。

　さらに新設されたこども家庭庁は、こども基本法の理念（**図2-1**）に基づいた施策を規程する「こども大綱」を定め、施策の推進を図ります。こども家庭庁には内閣総理大臣を会長とする「こども政策推進会議」を設置して、企図する子どもの主体性や人権を尊重した施策の実現を目指します。併せて子ども・子育て支援施策の充実のために関連施策を整備したり、関連省庁と有機的に連携してワークライフバランスを実現したり、ライフサイクルの各フェーズからフェーズへの切れ目のない支援が目指されています。

図2-1　こども基本法の理念

こども施策は、6つの基本理念をもとに行われます。

1　すべてのこどもは大切にされ、基本的な人権が守られ、差別されないこと。

2　すべてのこどもは、大事に育てられ、生活が守られ、愛され、保護される権利が守られ、平等に教育を受けられること。

3　年齢や発達の程度により、自分に直接関係することに意見を言えたり、社会のさまざまな活動に参加できること。

4　すべてのこどもは年齢や発達の程度に応じて、意見が尊重され、こどもの今とこれからにとって最もよいことが優先して考えられること。

5　子育ては家庭を基本としながら、そのサポートが十分に行われ、家庭で育つことが難しいこどもも、家庭と同様の環境が確保されること。

6　家庭や子育てに夢を持ち、喜びを感じられる社会をつくること。

出典：こども家庭庁Web「こども基本法」概要

第4節　目指される子育て支援の充実

1 >>> 地域での子育て支援の多様化

　先に述べた従来の施策には、どこか子ども主体というより、社会が子どもを必要とするそのニーズを充足するための施策としての志向が危惧されます。従来の子ども家庭福祉でも母子保健の領域で言及されてきたリプロダクティブヘルスが一人ひとりのリプロダクティブヘルス・ライツとして尊重されたうえで、新たな施策や体制の整備が子どもの人権侵害を乗り越え、大人たちも子どもたちと一緒にその幸福や自己実現を追求できるまさに "包括的" な支援として整備されることが望まれます。本節では大人への支援、子育てを巡る支援について概観します。

　子育て家庭の支援は大きく分けると、社会福祉制度による子どもの親や保護者に提供されるサービスと、労働施策として雇用保険と連動した休業・費用支援の制度から成り立っています。「子ども・子育て支援新制度」の新設により、子育て支援も施設利用から在宅支援まで多様なメニューが整備されました。在住地域の小規模な保育所で子どもたちを預かる「地域保育」や、在宅で子育てをしている親や保護者の子育てに対する不安の相談、一時的な預かりをするサービスなど、多様な子育て支援が整備されるようになってきています。

　さらには保育所に加えて、子どもの世話や親や保護者を支援する地域の入所型施設のもつ専門性や機能を活かして、子どもを対象にしたデイサービスや、子育てをしている親や保護者のレスパイトケアとしてのショートステイサービス（病気や冠婚葬祭などやむを得ず子どもの世話が出来ない場合の短期入所の保育）なども整備されるようになりました。

　特に新たに整備されたこども基本法においては、従来の児童相談所の機能を併せもつこども家庭センターによって、包括的な子育ちや子育ての相談に応じることのできる体制が整備されるようになりました。従来の児童福祉法において地域に広げられた子育て支援がこども基本法において、子育ての悩み、さらには児童虐待の予防を視野にいれた包括的な支援体制としてさらに整備されつつあります。

2 >>> 就労支援としての子育て支援

　一方、就労支援施策としては、従来から産休・育休制度、出産時一時金の給付などの制度が整備されてきました。しかし実際には、就労環境で産休・育休の取得に伴うマタニティハ

ラスメントが生じて、妊娠・出産後も就労を継続することが困難になる、あるいは産休・育休は男性の取得も可能であるにもかかわらず、母親（女性）の取得が大半といった状況が長らく続いてきました。

　ところがこれまでも述べてきたように、我が国は 21 世紀に入り人口減少社会へと転じ、若年の労働人口が減少する傾向が継続し、女性も結婚・出産後も就労を継続しないと、労働者が不足する状況が深刻化してきています。また長引く経済不況は労働者の賃金を抑圧し、子どもを授かって家庭生活を維持するためには、夫婦共稼ぎであることの必要性も生じています。

　つまり、労働力の面からも家計の面からも女性が結婚後、さらには出産後も継続して就労できる環境を整備しなければ、進展する少子化に歯止めがかからない状況が予測されます。無論ジェンダーフリーを背景に、性別による差別を是正しようとする社会の変化の影響もあって、男女共同参画の観点から女性の社会進出を推進するとともに、男性の子育てへのより積極的な参加、産休・育休の取得の増加が図られるようにもなりました。

　現在では育児休業法により、出生児育児休業の取得が可能です。出生児育児休業は育児休業制度とは別に、子どもの出生後 8 週間の期間内に 4 週間以内の休業を取得することができる制度です。さらに従業員規模が 1,000 人を超える企業では、育児休業の取得率の公開も義務付けられています。父親（男性）の産休・育休の取得状況は徐々に増加の傾向にありますが、女性の育児休業取得率が 80.3％であるのに対し、男性の育児休業取得率は 17.3％に留まっています。

　こうした傾向は数値の相違はあれ、男女間に取得率の格差があることは世界各国でも同様で、その背景には男女の役割分業やその背景となる賃金格差があるものと推測されます。男女（父親と母親）どちらかが仕事を休んで育児中心の生活をする場合、一般的に賃金が高いとされる男性が働いて、賃金が安いとされる女性が休業をとって育児を担う方が家庭としては合理的な役割分担となるものと思われます。

3 »»» 新たな課題

　これからの子育て支援においては、地域事情に合った多様なサービスが用意され、そのサービスが簡単な手続きで、いつでも利用できるよう整備されることが求められていきます。従来のような審査を経た入所・通所の利用や、あらかじめ契約を結んだうえでの利用だけでなく、悩んだ時、困った時、そして不安な時、ちょっとしたことを気軽に相談できる仕組みの

整備が望まれます。またその際、相談内容によらず一端受け止めてくれるワンストップが保障され、その先に専門的支援が提供されるとともに、さらにそれを丁寧に地域のインフォーマルネットワークと繋いで日常の安心を保障していくことも望まれます。

　また、コロナ禍を経てより一層深刻化した格差社会においては、経済的理由で子育てに難しさを感じている家族や、子どもたちの生育環境の機会に"貧困"が生じて子どもの人権や様々な体験の機会を護りうる経済力を保障できる経済的支援に厚みをつけていくことが必要です。それには、これまで整備されてきた児童手当や児童扶養手当に加えて、直接子どもたちに届く経済的支援が構築されるとともに、子どもたちの暮らしを支える親や保護者の経済的基盤の安定は無論のこと、その精神的な支えとなるような就労の機会の保障や、仕事以外にも生きがいを見つけられるまさに"包括的"な支援の構築が急務と言えます。

【注釈】
　※ 1　　本章においては、時代の経過によって表記が変化する「児童福祉」「子ども家庭福祉」「こども家庭福祉」及び、「児童」「子ども」「こども」の記述をその時系列に応じて書き換えている。
　※ 2　　2005 年の総務省統計局が『2005 年国勢調査』の集計速報の公開を機に「我が国の推計人口減少局面に入りつつあるとみられる」と発表。
　※ 3　　厚生労働省「全国ひとり親家庭実態調査」2021 年度の推計値によれば、ひとり親家庭の場合、父子家庭、母子家庭でいずれも一般家庭の年収を下回り、特に母子家庭はその就労状況の不安定さもあり、経済的課題は厳しい状況にあると言える。

【参考文献】
一般社団法人日本ソーシャルワーク教育学校連盟編『児童・家庭福祉』（最新社会福祉士養成講座 3）中央法規出版、2021 年
林浩康・山本真実・湯澤直美編著『児童・家庭福祉』（新・MINERVA 社会福祉士養成テキストブック 12）ミネルヴァ書房、2021 年
こども家庭庁 Web「こども基本法」概要
厚生労働省ホームページ：令和 4 年度雇用均等基本調査

［稲垣美加子］

第3章
子ども家庭福祉の歴史的変遷

第1節　歴史を学ぶ意義

　政策としての子ども家庭福祉の歴史は近代以降資本主義の中で確立しますが、各時代の子どもへの処遇は、その時々の子ども観と社会的・経済的状況があいまって規定されてきました。たとえば戦争中は、未来の戦力を生み出す母性と子どもは保護と愛護の対象とされましたが、ハンディキャップのある子どもたちには特につらい時代となりました。同じ過ちを繰り返さず、子どもたちの人権と幸せを守っていくためにはどうあればいいのでしょうか。歴史から学ぶ本章では、世界に先駆けて産業革命や市民化が進み子どもへの処遇の経緯がわかりやすいイギリスと、日本の歴史について取り上げます。

第2節　イギリスにおける子ども家庭福祉の歴史

1 ≫≫≫ 公的救済の始まり

　イギリスでは15世紀末から起きた囲い込み運動により、生活の糧を失った農民が都市に流入し、多くの貧民やホームレス、犯罪者、遺棄され浮浪化した子どもたちが生じました。それまでの共同体による相互扶助や教区慈善、領主等による慈恵では対応が困難となり、国家の安定と社会秩序の維持を目的に、1530年に「乞食及び浮浪者の処罰に関する法律」、1536年に「強壮な浮浪者と乞食の処罰のための法律」が出され、子どもについても「怠惰な生活をしたり、乞食をしたりするような状態にある5歳以上14歳以下の児童は都市や町の役人によって農業やそのほかの手仕事ないし労働に徒弟に出される」べきであるとされていました。

　1601年制定のエリザベス救貧法（貧困者の救済のための法律）はそれまでの施策の集大成とした抑圧的なものですが、政策としての福祉は、この法律から始まったとされています。本法では救貧法の対象を有能貧民（働く能力のある貧民）、無能貧民（働ける状況にない高齢者や障害者等）に分け、前者には強制労働を課し、後者には救済が与えられました。児童には教区徒弟制度が適用され、貧民管理とともに産業革命下で労働力の提供にも寄与するものでした。

　教区徒弟の労働環境は悲惨で死に至る者もあり、人道主義者等の努力により、初めての工場法「教区徒弟の健康と徳性を保護するための法律」が1802年に制定されています。その後産業革命の進行に伴い、教区徒弟だけでなく、法の制約を受けない貧困家庭の児童も工場や炭鉱など不衛生で危険な環境での就労を強いられるようになり、工場法も幾度かの改正を

経て、1833 年にはロバート・オウエン（Robert Owen 1771〜1858）らの尽力により、9 歳以下の労働禁止、18 歳以下の児童の労働時間の短縮、夜間労働の禁止など、児童への教育を保障しようとする画期的な改正が行われました。オウエンは幼児期によい環境で教育すればよい人間形成が可能であると考え、1816 年に自分の工場内に「性格形成学園」を開設し、労働時間を減らしてその時間を教育に充て、工場内に協同組合をつくるなど労働者の福利厚生や労働環境の改善を図り、空想的社会主義者と呼ばれています。

　18 世紀は「博愛の時代」といわれ、居宅保護が認められるなど救済対象が増え、救貧にかかる費用が増大しました。マルサス（Thomas Robert Malthus 1766〜1834）の『人口論』をはじめ、救貧法への批判が起こり、1834 年には教区間の格差是正、劣等処遇、院内救助を原則とした新救貧法が制定されました。このような社会状況の下、児童労働の規制も進まず、児童の保護や救済については民間の活動が活発になっていきます。

2 ≫≫≫ 児童保護政策と児童の権利思想

　1870 年にバーナード（Thomas John Barnardo 1845〜1905）が、ロンドンにバーナード・ホームを設立しました。大規模収容が当たり前だった当時、バーナードはその弊害を防止するため、1876 年には 13 の小舎からなるヴィレッジ・ホームを設立するとともに、里親への委託を積極的に行いました。また、里子に出された子どもたちも 12〜13 歳になるとホームに戻って職業訓練を受け、子どもが雇用された後はホームの職員が職場を巡回訪問する等、職業教育やアフターケアにも力を入れるなど先駆的実践を行い、児童養護施設の近代化に寄与しました。バーナード・ホームをはじめとする民間の博愛慈善団体は、その実践により国民の社会的良心を呼び起こし、子どもを保護するための法整備、子どもの権利擁護を促進する契機となりました。

　独占資本主義への移行による失業や低賃金等、貧しい人々の問題が顕在化した 19 世紀後半には、慈善組織協会による慈善事業の組織化や友愛訪問、またセツルメント活動による社会教育、社会環境の改善、社会調査などが行われました。ブース（Charles Booth 1840〜1916）によるロンドン市民の生活実態調査（1886〜1902 年）やラウントリー（Benjamin Seebohm Rowntree 1871〜1954）のヨーク市調査（1899 年）は、貧困の原因は失業や低賃金等の雇用の問題、疾病や多子等環境の問題にあることを科学的に実証し、貧困は社会が予防し解決しなければならない社会問題であり、これまでの貧困対策を改める必要があることを明らかにしました。貧困児童の救済についても、懲罰的・社会防衛的な劣等処遇から、近

代的人権意識に基づく救済へと転換されていきました。

　日常的虐待や子どもの死亡が多発した職業的里親への里子委託の規制を意図し、1872年に幼児生命保護法、1874年に出産及び死亡届法が制定されました。その後子どもに対する虐待行為の禁止を求める運動が活発となり、1883年のリバプール児童虐待防止協会をはじめ、多くの都市で同様の協会が設立されます。1884年には全国児童虐待防止協会が設立され、1889年には「児童虐待防止および保護法」が成立しました。この法律は、みずから権利を主張できない子どもを法的に保護することを定めた最初の法律とされています。1908年には、19世紀後半以降の子どもに関する法律を整理・統合し、その後の子ども家庭福祉法制の出発点となる児童法が成立しました。この児童法は「『児童のため』にこそその監護、後見、教育がなされるべきであるという理念が明確に表明されて」おり、当時「児童憲章」とも呼ばれていました。

　1922年にイギリスの児童救済基金団体（Save the Children Fund）は、第一次世界大戦によって多くの子どもが犠牲になった経験から「世界児童憲章」を提唱し、その考え方は1924年の国際連盟による「児童の権利宣言（ジュネーブ宣言）」へと引き継がれていきました。第二次世界大戦後、イギリスは「ベヴァリッジ報告」に基づいた社会保障の枠組みを構築し、「福祉国家」の模範とされました。ベヴァリッジ（William Henry Beveridge 1879〜1963）は社会保障制度に先行すべき前提条件として児童手当（家族手当）、国民保健サービス、完全雇用をあげましたが、家族手当（児童手当）制度は1945年、戦時連立内閣により税金を財源としていち早く法律化されました。児童に対してできる限り普遍的に支給される手当は、将来すべての児童が市民社会を構成する一員となることを期待して設けられたものであり、各児童のためのものであると同時に、社会の繁栄のための施策でもありました。

3 »»» 児童虐待事件等を契機とする法改正とコミュニティを基盤とする予防的施策

　要保護児童への公的指導と責任、予防的措置を勧告した1946年のカーティス委員会報告を受け、1948年には児童部の設置、監督指導を伴う里親委託等代替家庭の提供、ファミリーケースワークの実施等を盛り込んだ児童法が制定されました。これにより、児童の救貧的処遇は終わりを迎えたとされています。1950年代末から1960年代にかけては、コミュニティを基盤とした予防施策、家庭支援施策の重要性が強調され、1952年改正の児童青少年法では地方自治体に児童虐待の疑いのある状況の調査権限が、1960年のインクルビー報告を受けた1963年の改正法では予防的ケースワーク、現物・現金支給を伴う家族崩壊への予防的

介入を実施する権限が与えられました。予防が着目された背景には、施設入所より費用のかからない里親委託が優先されたにもかかわらず、要保護児童が増加したことで財政的な問題が生じ、要保護児童を増やさないことが急務になったこともあります。

1968年のシーボーム報告を受け、1970年の地方自治体社会サービス法では児童部がパーソナル・ソーシャルサービスの中に発展的に解消されました。

1970年代からイギリスでは、公的機関が係わっているにもかかわらず虐待等により子どもが死亡してしまう事件が相次ぎ、ソーシャルワークへの信用の失墜やマスコミによる批判を招きました。特に1987年の「グリーブランド事件」に関する調査委員会では警察とソーシャルワーカーの協働の失敗、児童と親の権利のバランスの問題が指摘されました。1989年に制定された児童法では公法と私法の統合が図られ、子どもの養育・財産権に関する裁判所等の判断基準は「子どもの福祉」にあることと、「親責任」の強調がなされました。後者は、子どもの福祉への寄与が明確でない限り福祉機関による命令の発給はできるだけ避け、子どもの養育には直接福祉機関が関わるのではなく、家族への支援等を通じ、家族の下での養育を優先させることと関係しています。このことは経済領域で市場をキーポイントとしたのと同様に、社会福祉領域で家族をキーポイントとしたサッチャリズムに基づいたものと考えられています。

旧来イギリスでは家庭での保育が中心でしたが、1997年に成立した労働党政権はすべての4歳児への幼児教育の普及、子育ての手段としての家庭生活への支援、親の仕事と家庭生活の調和への支援を公約とし、貧困地域を対象にシュア・スタート・プログラムをはじめ、多様な家族を対象とする支援を推進しました。このプログラムでは、幼児教育や保育、保健、家族支援を一体的にワンストップで行うことを目的に、シュア・スタート・チルドレンセンターが設置されました。2003年のグリーンペーパー（政策決定のための提案書）「どの子どもも大切に（Every Child Matters）」では、すべての自治体での子どもに関する施策が一元的に提供できる体制の構築が唱えられ、2004年の児童法でそれが具現化されたこととも関連して、2006年の子ども保育法によって全国に拡大されました。その結果、イギリスの子どもの相対的貧困率は、1999年の26％から2010年には18％に、ひとり親世帯の子どもの貧困率も46％から22％へと低下しました。2011年には子どもの貧困法が成立し「子どもの貧困戦略2014-2017」が策定されましたが、2010年に誕生した保守党と自由民主党の連立政権により緊縮財政が掲げられると、シュア・スタート・チルドレンセンターにかかる予算も子どもや家庭にかかる各種手当も縮小されました。子どもの貧困率は2017年現在21.3％と緩やかな上昇傾向にあり、子どもの貧困は現在も大きな社会問題となっています。

イギリスの各時代の制度、政策はどのようなことを背景につくられてきたのか考えて、例をあげて書いてみましょう。

第3節　日本における子ども家庭福祉の歴史

1 ≫≫≫ 明治以前の子どもの救済

　日本で子どもが福祉施策の対象となるのは明治時代からですが、子どもたちの救済のための営みは、それ以前から行われてきました。天災や凶作等による困窮の中で子どもの遺棄や間引きがなされていた古代には、聖徳太子（574〜622）による四天王寺四箇院、元正天皇（680〜748）や光明皇后（701〜760）による悲田院の設立、和気広虫（730〜799）による棄児養育等、皇族や貴族による慈恵的救済、仏教的慈悲の実践としての救済、共同体内の相互扶助が行われました。

　相次ぐ戦乱で庶民の生活が困窮した中世、鎌倉時代には救済の実践を重視する新仏教が登場し、貧民や孤児、ハンセン病患者の救済活動が行われました。またキリスト教の普及、宣教とともに孤児や寡婦の保護活動等が行われました。代表的なものとしては、ルイス・デ・アルメイダ（Luís de Almeida 1525〜1583）が大分県に設立した育児院があげられます。しかし仏教慈善は戦乱の中で衰退し、キリスト教による慈善活動も、キリスト教への弾圧により途絶えていきます。

　近世、江戸時代になっても天災や飢饉、幕藩体制による二重搾取により庶民の生活は苦しく、堕胎・間引き、子どもの身売りが頻繁に行われ、人口の減少が見られました。江戸幕府は1687年に捨て子養育令、1690年に棄児禁止令、1767年には間引き禁止令を制定しましたが、子どもの救済・保護に関する制度や施策は不十分でした。三春藩（現在の福島県田村郡三春町）のように貧民に対して幼児教育の手当てを支給する等独自の施策を行った藩も

ありましたが、多くは江戸の町にみられた五人組や七分積金のように地縁・血縁の相互扶助が中心でした。

2≫≫≫ 明治期以降の公的施策と民間事業

　明治時代は近代国家体制の形成期ですが、維新による急激な封建制解体により人々の生活は苦しく、間引きや捨て子は減りませんでした。明治政府は孤児や棄児に対する救済策として、1871年に棄児養育米給与方、1873年に三子出産ノ貧困者ヘ養育料給与方を制定、1874年には恤救規則を発布しました。恤救規則は日本で最初の救貧法ですが、「人民相互ノ情宜（人々の同情心）」による救済を基本とし、救貧対象は「無告の窮民」に限る等きわめて制限的で貧弱なものでした。富国強兵、殖産興業政策の下、多くの子どもが安価な労働力として工場での就労を強いられ、1911年には日清戦争以降の労働運動の高まりを背景に、12歳未満の就業、15歳未満の12時間労働、深夜労働の禁止等を定めた工場法が制定されました。

　この時期、公的救済の不備を補う形で先駆的な民間慈善事業が展開されます。石井十次（1865〜1914）が1887年に設立した岡山孤児院は、イギリスのバーナード・ホームに学び、小舎制、里親委託を取り入れた家庭的養護を実践し、家族主義、満腹主義、非体罰主義等からなる「岡山孤児院十二則」を定めて先駆的な試みを行いました。留岡幸助（1864〜1934）は刑務所でのキリスト教教誨師の経験から、犯罪の要因は家庭環境や成育歴にあると考え、1899年に家庭学校を設立しました。夫婦職員が小舎に住み込んで少年たちと労働や勉強、生活を共にする留岡の保護の方法は、現在の児童自立支援施設にも引き継がれています。保育事業としては、1980年に赤沢鍾美（1864〜1934）が新潟静修学校付設託児所を、1900年に野口幽香（1866〜1950）・森島峰（1868〜1936）が二葉幼稚園（のち二葉保育園に改称）を設立しました。1891年に石井亮一（1867〜1937）が創設した滝乃川学園は、西欧の最先端の知見を取り入れ、知的障害児の保護・教育の発展に寄与しました。整形外科医の高木憲次（1889〜1963）は、1916年から肢体不自由児の巡回療育相談事業を開始し、1942年に整肢療護園を開園しました。高木は疾患部位の治療と共に、教育を授けて自活の道を探ることが重要と考え、治療と療育をあわせた「療育」という言葉を生み出しました。

　明治期の児童保護事業は個人の財産や支援者の寄付によって賄われていましたが、大正期になると、それら事業への奨励策が始まります。日露戦争、米騒動、関東大震災等により失業者、貧困者が増大して行政の児童保護への関与が拡大すると、保護の目的も「救貧」から

「防貧」に変容し、大阪市では 1919 年、東京市では 1921 年に公立保育所が誕生しています。

　昭和期になると、世界大恐慌等による不況下で身売りや母子心中が激増し、隣保相扶（村落共同体を中心とした相互扶助思想）には期待できず、救護法制定への機運が一気に高まり、1929 年に救護法が成立しました。児童も救護対象となり、育児施設への設置費助成や救護委託費の支給が定められました。しかし、1931 年に始まった満州事変以降、子どもへの施策の目的は戦争遂行のための小国民の育成に変化し、1933 年には懲戒的性格が強かった感化法が教育的保護に力点を置いた少年救護法に改定され、児童労働等の虐待防止を目的とした児童虐待防止法が制定されました。1937 年には母子保護法の制定、軍事救護法から軍事扶助法への改正が行われました。1938 年には厚生省の設置、社会事業法の制定がなされ、育児施設、託児所その他児童保護をなす事業が社会的、公共的なものとして承認されました。1940 年には国民体力法、国民優生法、1941 年には医療保護法、1942 年には国民医療法が制定されましたが、戦争は栄養失調の子どもや戦災孤児、浮浪児等を生み出し、国民生活の疲弊と混乱、地域の荒廃の中で日本は敗戦を迎えます。

3 ≫≫≫ 児童福祉法の成立と児童福祉施策の拡充と見直し

　第二次世界大戦後、1945 年に戦災孤児等保護対策要綱が出され、まずは戦災孤児への対応が図られました。1947 年には児童福祉法が制定され、新しい民主主義国家の再建を目指した日本国憲法の理念に基づき、すべての児童を対象とすること、児童福祉の保障は公的責任・公費負担で行うことが明記されました。しかし従来の子ども観が払拭されず、児童福祉法の理念が国民に十分に認識されなかったことから、1951 年に「児童憲章」が制定されました。

　高度経済成長期の 1950 年代後半から 1970 年代前半、社会福祉政策も拡充しました。敗戦処理を経て人々の生活が落ち着きを取り戻す一方、核家族化や都市化、地域の弱体化により人々の生活基盤も不安定となり、親の失業や離婚、病気等家族や個人の問題に社会的対応が求められるようになりました。この時期、児童扶養手当法（1961 年公布）、特別児童扶養手当等の支給に関する法律（1964 年公布）、児童手当法（1971 年公布）といった経済的支援制度、母子福祉法（1964 年公布、現母子及び父子並びに寡婦福祉法）、母子保健法（1965 年公布）等ひとり親家庭への支援や母子保健施策が推進されました。また、1951 年にボウルビィ（John Bowlby 1907～1990）が WHO に提出した論文で「ホスピタリズム」に言及したことから、施設養護についても小舎制、家庭的処遇など質の向上が図られましたが、制度的な改正には至りませんでした。1960 年前後から、それまで制度の外に置かれていた重

度の障害のある子どもの療育に、秋津療育園や島田療育園など民間の施設が取り組み始め、1957年に精神薄弱児通園施設（現児童発達支援センター）、1967年に重症心身障害児施設（現障害児入所施設）が児童福祉法に追加されました。1974年には保育園で障害児保育が開始されるなど、この時期、心身障害児への施策も推進されました。

　一方で、中央児童福祉審議会家庭対策特別部会は1963年の「家庭対策に関する中間報告」において、児童をめぐる危機的状況の要因を家庭軽視の風潮、母親の就労にあるとし、家庭保育の重要性、特に乳児保育については家庭保育第一の原則を唱えました。1970年代半ばから、ベビーホテルでの乳幼児の死亡事故が社会問題化し、保育が経済的利潤を追求すると子どもの命や育ちが損なわれる危険があること、女性の働き方の多様化により当時の保育所の保育サービスではニーズに対応できなくなっていることが明らかにされました。しかし、全国の保育園での乳児保育の実施は1994年、延長保育の実施は1999年と、20年以上も先のこととなります。

　1973年のオイルショックで景気が後退すると、一転して「福祉見直し」論が台頭しました。1978年の『厚生白書』は家族を「福祉の含み資産」と捉え、翌年の「新経済社会7か年計画」では「日本型福祉社会」が提唱されるなど、再び家庭機能の重視、家庭保育の重要性が強調されました。1981年の中央児童福祉審議会意見具申「今後のわが国の児童家庭福祉の方向性について」では「児童福祉」に代わって「児童家庭福祉」が登場し、その後「子ども家庭福祉」の用語が頻繁に用いられるようになりました。

4 »»» 少子化対策と子ども家庭福祉の展開

　1997年に児童福祉法が大幅に改正され、保育所の措置制度から選択利用制度への転換、児童福祉施設の名称変更と施設の目的における自立支援と権利擁護の視点の明確化等が図られました。児童福祉法はその後も、子ども虐待防止や少子化対策等に関連して改正が重ねられます。

　1989年の1.57ショック以降、少子化対策が日本の重大な政策課題の1つとなりました。少子化対策から次世代育成の施策は、エンゼルプラン（1994年策定）、新エンゼルプラン（1999年策定）、次世代育成支援対策推進法（2004年策定）、少子化社会対策大綱（2004年策定）、子ども・子育て応援プラン（2004年策定）、子ども・子育てビジョン（2010年策定）、新たな少子化社会対策大綱（2015年策定）等立て続けに出されましたが、少子化傾向は止まりませんでした。2015年には、子ども・子育て関連三法に基づき、全世代型社会保障の実現

を意図した子ども・子育て支援新制度が実施されました。

　1994年には、国際連合が1989年に採択した児童の権利条約を批准しました。これにより子どもの権利への意識が高まり、2000年に児童虐待の防止等に関する法律、2001年に配偶者からの暴力の防止及び被害者の保護等に関する法律が制定されました。2016年の児童福祉法改正では、第1条に「児童の権利に関する条約の精神にのっとり」という文言が加えられ、第2条には子どもの意見の尊重や最善の利益など子どもの権利条約の理念が盛り込まれました。

　社会的養護については、2011年に社会保障審議会専門部会から「社会的養護の課題と将来像」報告書、2017年に厚生労働省「新たな社会的養育の在り方に関する検討会」から「新しい社会的養育ビジョン」が示され、施設養護から家庭養護への転換が図られています。

【ワーク②】調べて書いてみよう！

日本の子ども家庭福祉に関する制度、政策は、各時代にどのようなことを目的に展開されてきたのか、考えて書いてみましょう。

【参考文献】
　古川孝順・浜野一郎・松矢勝宏編著『児童福祉の成立と展開－その特質と戦後日本の児童問題』川島書店、1978年、pp.11-12
　菅野芳彦『イギリス国民教育制度史研究』明治図書出版、1978年、p.169
　金子光一『社会福祉のあゆみ　社会福祉思想の軌跡』（有斐閣アルマ Basic）有斐閣、2005年
　古川孝順・田澤あけみ編『現代の児童福祉』有斐閣、2008年
　田澤あけみ「イギリス福祉政策にみる『児童保護』制度の軌跡と課題」（PDF）『社会保障研究』Vol.2 No.2-3、2017年
　内閣府ホームページ「平成27年度『諸外国における子供の貧困対策に関する調査研究』報告書」（平成28年3月）
　矢澤朋子「英国でなぜ『子どもの貧困』が改善したのか　子どもを扶養する親の就労促進及び就労と紐づけた給付制度が奏功」大和総研ホームページ

［五十嵐裕子］

第4章

子どもの人権と権利擁護

第1節　子どもの権利保障のあゆみ

1 »»» 近代の子どもの権利保障

　子どもの権利保障は、フランスの思想家ルソー（Jean-Jacques Rousseau 1712〜1778）が1876年に著書『エミール』のなかで「子どもは大人ではない。子どもは子どもである」と発言し、「子どもの自主性を重んじ、子どもの成長に即して子どもの能力を活用しながら教育を行うべきである」と主張したことが始まりと考えられます。

　そして1900年には、スウェーデンの思想家エレン・ケイ（Ellen Karolina Sofia Key 1849〜1926）が著書のタイトルを『児童の世紀』とし、20世紀を「児童の世紀に」と主唱したことが契機となり、子どもの権利について関心が持たれ、広く論じられるようになりました。

　その後、エレンの『児童の世紀』に触発されたアメリカのルーズベルト（Franklin Delano Roosevelt 1882〜1945）大統領は1909年、ホワイトハウスで要保護児童の保護に関する会議を招集し、「第1回児童福祉白亜館会議」を開催しました。そのなかで「家庭は人類が生んだ最も気高い文明の所産であり、緊急でやむを得ない事情がない限り、家庭から児童を引き離してはならない」という声明を発表しました。それからほぼ10年ごとに「児童福祉白亜館会議」が開催され、第二次世界大戦後まで引き継がれました。

　1922年、イギリスでは第一次世界大戦（1914〜1918年）の反省を踏まえて、子どもの権利に関する制度化が始まりました。セーブ・ザ・チルドレン基金連合（国際児童救済基金連合）が提案した「世界児童憲章草案」では、子どもの権利を保障するための事項がまとめられ、綱領として発表されました。そして「すべての子どもは、身体的、心理的、道徳的および精神的な発達のための機会が与えられなければならない」とされました。

2 »»» 児童の権利に関するジュネーブ宣言

　イギリスの児童救済基金団体は「世界児童憲章草案」を引き継ぎ、1923年に「児童の権利宣言」を発表しました。そしてその翌年の1924年、国際連盟は「児童の権利に関するジュネーブ宣言」として採択しました。これは子どもの権利について、国際的な規模で最初に行われた宣言として注目されることになりました。

　「児童の権利に関するジュネーブ宣言」は、その前文で「人類は児童にたいして最善の努力を尽くさなければならぬ義務のあることを認め、人種、国籍、信条の如何を一切問わず、

つぎのことを、その責任なりと宣言し承認する」とされ、本文では、①児童の心身の正常な発達の保障、②要保護児童への援助、③危機に際しての児童の最優先救済、④児童の自活支援と搾取からの保護、⑤児童の育成目標の5つの原則が掲げられました。

　1948年12月10日の国際連合第3回総会において「世界人権宣言」が採択され、第1条で「全ての人間は生まれながらにして自由であり、かつ、尊厳と権利について平等である」として、人種、皮膚の色、性、言語、宗教等によって差別されないとしました。また「自由権」や「社会権」等を規定し、1966年に採択された「経済的、社会的及び文化的権利に関する国際規約」（A規約）、「市民的及び政治的権利に関する国際規約」（B規約）に結びつき、日本は1979年にA規約およびB規約を批准しました。

3»»» 児童の権利に関する宣言

　1959年11月20日、国際連合第14回総会において「児童の権利に関する宣言」が採択されました。1924年に国際連盟が採択した「児童の権利に関するジュネーブ宣言」を引き継いだ国際的宣言で、前文と10条の本文から構成されています。この宣言は児童の権利を全面的に打ち出した点で画期的であり、特に「児童の最善の利益」が全体を貫く理念であることが強調されました。「人類は児童に対し、最善のものを与える義務を負うものであるので（略）児童が幸せな生活を送り、かつ、自己と社会の福利のためにこの宣言を掲げる権利と自由を享有することができるようにするため（略）立法その他の措置によってこれらの権利を守るよう努力することを要請する」としました。

　1978年、ポーランドは国連人権委員会に対して「児童の権利に関する条約草案」を提出しました。ポーランドが最初に草案を提出したのには、子どもの権利や人権に関して先駆的な思想をもち、第二次世界大戦下のユダヤ人収容所で子どもたちと死をともにしたコルチャック（Janusz Korczak 1878〜1942）の祖国であったことが背景にあります。

　国際連合は「児童の権利宣言」が採択されて20周年にあたる1979年を「国際児童年」と定めて、子どもの基本的人権への認識を明らかにし、世界中の人々が子どもの権利について考える機会となるよう世界各国で記念事業を行いました。国連人権委員会では1978年に提出された「児童の権利に関する条約草案」（ポーランド案）が検討され、最終草案を検討する作業部会が設置されました。

4 ≫≫≫ 児童の権利に関する条約

　1959 年に採択された「児童の権利に関する宣言」の 30 周年にあたる 1989 年 11 月 20 日、「児童の権利に関する条約」が国際連合第 44 回総会で採択され、翌年 9 月に発効されました。わが国は 1994 年 4 月 22 日、当時の加盟国 184 か国中 158 番目の締約国として批准しました。先進諸国の中で批准が遅くなった理由は、条約を批准するにあたって条約の内容と国内法に齟齬があったため、国内法の整備や改正に時間を要したからだと言われています。

第 2 節　児童の権利に関する条約

1 ≫≫≫ 児童の権利に関する条約の内容

　「児童の権利に関する条約」は前文と 54 か条からなります。前文では条約の意義について、本文の第 1 部では子どもがもつ権利の内容、第 2 部では条約を批准した締約国の役割や義務等、第 3 部では条約の批准の方法や改正の方法等が規定されています。

　第 1 条「児童の定義」において「児童とは 18 歳未満のすべての者をいう」とし、第 2 条「差別の禁止」では「児童又はその父母若しくは法定保護者の人種、皮膚の色、性、言語、宗教、（略）、種族的若しくは社会的出身、財産、心身障害、出生又は他の地位にかかわらず、いかなる差別もなしにこの条約を定める権利を尊重し、及び確保する」としています。第 3 条「児童に対する措置の原則」では「児童の最善の利益が主として考慮されるものとする」とし、第 4 条「締約国の義務」では「この条約において認められる権利の実現のため、すべての適当な立法措置、行政措置、その他の措置を講ずる」としています。また、第 5 条「父母等の責任、権利及び義務の尊重」では「児童がこの条約で認められている権利を行使するにあたり、父母（略）がその児童の発達しつつある能力に適合する方法で適切な指示及び指導を与える責任、権利及び義務を尊重する」としています。そして、第 6 条からは具体的な権利について掲げられていて、とりわけ特徴的な権利として、第 12 条「意見を表明する権利」、第 13 条「表現の自由」、第 14 条「思想・良心及び宗教の自由」、第 15 条「結社及び集会の自由」等、それぞれには上述した「能動的権利」が含まれています。

2 »»» 子どもがもつ権利の内容

子どもがもつ権利を、①子どもの生存権や保護を受ける権利、発達の権利、②子どもの最善の利益や親の第一義的養育責任等、子どもの特性に配慮した権利、③意見表明権や思想、良心の自由等市民的権利の三つに分けて説明していきます。

（1）子どもの生存権や保護を受ける権利、発達の権利

子どもの生存権に該当する条項は、第24条「健康を享受すること等についての権利」、第25条「児童の処遇等に関する定期的審査」、第26条「社会保障からの給付を受ける権利」、第27条「相当な生活水準についての権利」等が該当します。また子どもの保護を受ける権利としては、第32条「経済的搾取からの保護、有害となるおそれのある労働への従事から保護される権利」、第33条「麻薬の不正使用等からの保護」、第34条「性的搾取、虐待からの保護」、第35条「児童の誘拐、売買等からの保護」、第36条「他のすべての形態の搾取からの保護」、第37条「拷問等の禁止、自由を奪われた児童の取扱い」、第40条「刑法を犯したと申し立てられた児童等の保護」等がこれに該当します。さらに児童の発達の権利としては、第28条「教育についての権利」、第29条「教育の目的」等が該当します。

すべての子どもには生まれながらにもっている権利（その人の存在自体に与えられる権利＝基本的人権）があり、子どもの養育と発達については父母が共同の責任をもつことになっています。また子どもは自分一人の力で生活してはいけない存在であり、子どもの成長、発達には親や大人、社会や国家等が適切に子どもを見守り、保護することが求められています。

（2）子どもの最善の利益や親の第一義的養育責任等、子どもの特性に配慮した権利

子どもの最善の利益については第3条「児童に対する措置の原則」に、親の第一義的養育責任については第5条「父母等の責任、権利及び義務の尊重」に規定されています。また子どもの特性に配慮した権利については第19条「監護を受けている間における虐待からの保護」、第20条「家庭生活を奪われた児童等に対する保護及び援助」、第21条「養子縁組に際しての保護」、第22条「難民の児童等に対する保護及び援助」、第23条「心身障害を有する児童に対する特別の養護及び援助」等が該当します。

子どもの最善の利益とは、子どもの生活に影響を与えるすべての事柄を親が決定する際、子どもの最善の利益を一番に考慮することが求められます。また子どもが「児童の権利に関する条約」で認められている権利を行使する際、親は子どものもっている能力に合わせて適

切な指導を行う責任を負うとされています。さらに親は子どものもっている特性に対して適切な配慮をしながら、保護や援助を行っていくことが求められています。

（3） 意見表明権や思想、良心の自由等の市民的権利の保障

意見表明権については第 12 条「意見を表明する権利」、思想、良心の自由等の市民的権利の保障については第 13 条「表現の自由」、第 14 条「思想、良心及び宗教の自由」、第 15 条「結社及び集会の自由」、第 17 条「多様な情報源からの情報及び資料の利用」等が該当します。

「児童の権利に関する条約」において子どもに保障された権利として最も特徴的なのは、これまでなかった自由権や社会権、自己決定権や幸福追求権といった市民的権利を初めて子どもに認めたことにあります。それは子どもを単に権利を受容する主体、保護される主体として受動的な権利を認めただけでなく、権利を行使する主体として能動的権利も認めているところに大きな意義があります。

3 ≫≫≫ 受動的権利と能動的権利

子どもの権利については「受動的権利」と「能動的権利」の二つに分けて説明することができます。

人はこの世に生を受けた瞬間から、他者に依存しなければ生きていけない存在です。そのため基本的には子どもの親、場合によってはそれに代わる者が、子どもの健全な成長や発達を保障するよう求められています。つまり子どもを育てる側が子どもを見守り、保護する義務を負うことになります。この関係を子どもの側から見ると、保護や援助を受ける立場となり、これを「受動的権利」と呼んでいます。子どもの権利保障の歴史を振り返ると、これまで保障されてきた権利の多くが「受動的権利」でした。しかし人として認められる基本的人権は市民的権利であり、子どもであっても当然保障されるべきものと言えます。このような基本的人権を子どもにも認め、人として主張し、行使する自由を得ることを「能動的権利」と呼んでいます。

「児童の権利に関する条約」では、子どもは「受動的権利」として権利を受容する主体であることが保障されるのと同時に、「能動的権利」として権利を行使する主体であることも保障される存在になったと言えます。

1. 受動的権利と能動的権利について説明してください。

2. 子どもの受動的権利を保障している条文と、能動的権利を保障している条文をそれぞれ5つ程度挙げてみましょう。

・受動的権利を保障する条文

・能動的権利を保障する条文

4 ≫≫≫ 「子どもの最善の利益」とは

　「子どもの最善の利益」という考え方は、セーブ・ザ・チルドレン基金連合（国際児童救済基金連合）が提案した「世界児童憲章草案」にみることができます。これがその後「児童の権利に関するジュネーブ宣言」や「児童権利宣言」、「児童の権利に関する条約」へ引き継がれていきました。

　「児童の権利に関する条約」第3条「児童に対する措置の原則」第1項では、「児童に関するすべての措置をとるに当たっては、公的若しくは私的な社会福祉施設、裁判所、行政当局又は立法機関のいずれによって行われるものであっても、児童の最善の利益が主として考慮されるものとする」と規定しています。

　「児童の権利に関する条約」の特徴として、これまで子どもに与えられていた「受動的権利」だけでなく「能動的権利」も認められるようになったことはすでに説明しましたが、「児童の権利に関する条約」を批准する前のわが国では、例えば子どもを児童養護施設に措置する際、子どもの意見や意向とは無関係に公的機関の専門職が決定しており、子ども自身が意志決定過程に参画することの必要性を、専門職として共有する状況にはありませんでした。し

かし条約を批准したことによって子どもの最善の利益を尊重した決定を行うためには、子どもの意見や意向を十分に確認し、決定過程に子どもも参画することの必要性が認められるようになりました。子どもが決定過程に参画するには、子ども自身の権利意識を高めることが前提となります。ここで言う権利意識とは「自分を大切にしたい」という心のあり様であり、言い換えれば自尊心を意味することになります。他人の人権や権利への認識は「自分を大切にしたい」という自尊心の上に成り立つものであり、自尊心が他尊心を育むと言えます。

　また第3条「児童に対する措置の原則」に、行政処分による「措置」だけでなく「公的若しくは私的な社会福祉施設、裁判所、行政当局又は立法機関のいずれによって行われるものであっても」とあるように、行政処分以外の措置を行う際にも、子どもの最善の利益が考慮されなければならないことが明らかになりました。

5≫≫≫ 「意見表明権」とは

　子どもが健全な成長や発達をするためには、大人からの保護を受ける権利（受動的権利）と、自らが権利行使の主体となる権利（能動的権利）の両方が保障されることが重要です。「意見表明権」は「能動的権利」の代表的なものの一つであると言えます。

　「意見表明権」は「児童の権利に関する条約」第12条「意見を表明する権利」第1項で、「締約国は、自己の意見を形成する能力のある児童がその児童に影響を及ぼすすべての事項について自由に自己の意見を表明する権利を確保する。この場面において、児童の意見は、その児童の年齢及び成熟度に従って相応に考慮されるものとする」と規定しています。また第2項で「このため、児童は、特に、自己に影響を及ぼすあらゆる司法上及び行政上の手続において、国内法の手続規則に合致する方法により直接に又は代理人若しくは適当な団体を通じて聴取される機会を与えられる」としています。

　これは無制限に子どもの権利を認めるということではなく、第13条の「表現の自由」第2項にあるように「権利の行使については、一定の制限を課することができる。ただし、その制限は、法律によって定められ、かつ、次の目的のために必要とされるものに限る。（a）他の者の権利又は信用の尊重、（b）国の安全、公の秩序又は公衆の健康若しくは道徳の保護」とされています。

　しかし子どもが「意見を表明する」ためには、子どもが様々な事柄について、自分の思いや考えをもっていることが前提になります。そして自分の思いや考えを相手に伝え、理解してもらうことが重要です。しかし子どもは年齢が低ければ低いほど、自分の思いや考えをも

ち合わせていなかったり、もっていたとしてもそれを整理し、適切な言葉で表現し、相手に伝えることが難しい場合も少なくありません。そのため子どもの思いや気持ちを受け止める側の大人がその難しさを理解し、時間をかけて子どもの思いに耳を傾けていく必要があります。その際に注意しなければならない点は、大人の側が子どもの気持ちを理解したと思い込み、勝手に決めつけて判断はしないようにすることです。

　子どもの言葉にできない思いを、大人が受け止めるのは無理だというわけではありません。大人は子どもの言葉にできない思いを汲み取り、それを自分で受け止め、子どもの気持ちになって確認していく作業を根気強く繰り返していくことです。そうすることによって、子どもの思いに少しずつ近づいていくことができるようになると考えられます。

【ワーク②】調べて書いてみよう！

あなたが子どもの意見を聴く時に、気をつけたいと思うことを挙げてみましょう。

第3節　子ども家庭福祉関連の新法

子どもの権利擁護の推進の仕組み

　2024 年は、日本が「児童の権利に関する条約」を批准して 30 年にあたる年です。締約国になった日本は第 44 条の「報告の提出義務」を負うことになり、子どもの権利を実現するために取った措置の実施状況を条約締結後 2 年以内に、その後は 5 年ごとに「子どもの権利委員会」へ報告、審査を受けることになり、1998 年、2004 年、2010 年、2019 年に実施されました。

　児童の権利に関する条約の批准後、国内では地方自治体が子どもの権利を保障し、それに関する施策を推進する目的で子どもの権利に関する条例が制定されています。

　2000 年に神奈川県川崎市で制定された「子どもの権利に関する条例」を契機に、北海道奈井江町で制定された「子どもの権利に関する条例」が続き、2023 年 5 月現在 64 自治体

で「子どもの権利に関する総合条例」が制定されています。

　また2019年の「子どもの権利委員会」の総合所見で指摘され、その後2022年に改正された児童福祉法では、子どもの意見聴取の仕組みが整備されました。

(1) 子どもの権利擁護に係る環境整備

　都道府県知事又は児童相談所長が行う意見聴取や入所等の措置、児童福祉施設等における処遇について、都道府県の児童福祉審議会等による調査審議・意見具申等の方法により、子どもの権利擁護に係る環境を整備することが、都道府県等の業務として位置づけられました。

(2) 児童相談所や児童福祉施設における意見聴取

　都道府県知事又は児童相談所長が行う在宅指導、里親委託、施設入所等の措置、指定発達支援医療機関への委託、一時保護の決定等に意見聴取を実施します。その際、子どもの最善の利益を考慮するとともに、子どもの意見または意向を勘案して措置等を行うために、あらかじめ年齢、発達状況、その他の子どもの事情に応じて意見聴取その他の措置を講じなければならないとされました。

(3) 意見表明等支援事業（都道府県等の事業）

　児童相談所長等の意見聴取等の義務の対象となる子ども等に、子どもの福祉に関して知識又は経験をもつ者（意見表明等支援員）が、意見聴取等を行います。また、子どもの意見や意向を把握するとともに、それを勘案して児童相談所、都道府県その他の関係機関との連絡調整等を行うことが規定されました。

【参考文献】
　北川清一監修・編著、川向雅弘監修、稲垣美加子編著『子ども家庭福祉への招待』（シリーズ・社会福祉の視座3）
　　　ミネルヴァ書房、2018年
　「【特集】いま、0歳からの子どもの権利を考える」『発達』通巻第174号、ミネルヴァ書房、2023年
　木原活信『社会福祉と人権』（シリーズ・福祉を知る1）ミネルヴァ書房、2014年
　日本弁護士連合会ホームページ：子どもの権利（子どもの権利委員会）「日本の第4回・第5回統合定期報告書に関する総括所見」
　子どもの権利条約 | 日本ユニセフ協会（ウェブページ）
　RILG一般財団法人地方自治研究機構ホームページ：子どもの権利に関する条例
　野澤正子「子どもの権利と子ども論『子どもの権利条約』の子ども観、養育観を中心にして」『社会問題研究』第41巻1・2合併号、
　　　大阪府立大学社会福祉学部、1991年、pp.173-190
　林浩康「子どもの最善の利益に適った児童福祉システムの再構築」『世界の児童と母性』第75号、資生堂社会福祉事業財団、2013年、p.16

[村田典子]

第 **5** 章

子ども家庭福祉の法体系

第1節　子ども家庭福祉の理念法

1 ≫≫ 子ども家庭福祉関連法令の構造

　本章においては、子ども家庭福祉に関連する法令の体系について解説していきます。日本の子ども家庭福祉関連法令は、日本国憲法を頂点とする階層的な体系をなしています。憲法に適合する形で、唯一の立法機関である国会において法律が成立し、法律に委任された事項について、国会の議決を経ずに内閣が政令を制定し、法律・政令の委任に基づいて各省によって省令が制定されます。このような法令の階層性は、例えば児童福祉法の場合、それに基づく政令としての児童福祉施行令、厚生労働省令としての児童福祉法施行規則、児童福祉施設の設備及び運営に関する基準などが定められているという形で表れています。なお、法令には、上記の法律・政令・省令のほかに、地方公共団体（都道府県・市町村）が制定する条例があります。ここでは、子ども家庭福祉関連法令のうち、特に法律について取り上げることにします。

　子ども家庭福祉関連法は、①理念法、②児童保護関連法、③子育て支援・ワークライフバランス関連法、④母子保健・女性福祉関連法、⑤障害のある児童の支援関連法など多様な目的をもって多元的に制定・整備されてきました。以下では、子ども家庭福祉に関する理念法を見たのちに、多様なニーズに対応するよう制定された、多種多様な法律の概要について解説していきます。

2 ≫≫ 日本国憲法

　日本国憲法は、日本がアジア・太平洋戦争に敗戦した翌年の 1946 年に公布、翌 1947 年に施行されました。日本国の最高法規である日本国憲法の基本原則の一つが、基本的人権の尊重です。第 25 条の生存権のほか、第 13 条の幸福追求権、第 14 条の法の下の平等は、子ども家庭福祉を含む社会福祉法制の基本理念を提示したものです。例えば、第 25 条第 1 項では「すべて国民は、健康で文化的な最低限度の生活を営む権利を有する」として国民の生存権を規定し、第 2 項は「国は、すべての生活部面について、社会福祉、社会保障及び公衆衛生の向上及び増進に努めなければならない」として、子ども家庭福祉を含む社会福祉の向上・増進に関する国の努力義務を規定しています。本章で解説する諸法律の中で規定されている権利は、憲法が規定する個人の抽象的権利を具体化したものと考えることができます。

3 »»» 児童の権利に関する条約（子どもの権利条約）

　「児童の権利に関する条約」は、1989 年に国連総会で採択された国際条約です。日本は批准が遅れましたが、1994 年 5 月から国内で効力が発生しました。特に第 12 条では、「児童は自らに影響を及ぼすすべての事項について、自由に自己の意見（views）を表明する権利を有する」とし、児童の意見表明権を明文化し、子どもが権利主体であることを明示しています。さらに第 3 条は、本条約の締約国が、児童の最善の利益のために行動しなければならないことを定めています。本条約の発効後、国内では本条約に適合するよう、児童福祉法をはじめとする国内法の改正・整備が進められてきました。なお条約は、批准されたのち、憲法に定める公布の手続きを経て、国内法として効力が発生します。日本国憲法第 98 条第 2 項は、締結された条約について誠実に遵守する義務を規定しています。

4 »»» こども基本法

　こども基本法は、近年、子ども家庭福祉制度が複雑化しているために、子どもを対象とする施策全体を視野におさめることが困難となっている状況を受け、子ども家庭福祉全体を包含する基本法として、2023 年に施行されました。本法は、「差別の禁止」「子どもの最善の利益」「生命、生存及び発達に対する権利」「子どもの意見の尊重」という児童の権利に関する条約（子どもの権利条約）の 4 つの原則を踏まえて、子ども家庭政策に関する基本理念を示し、国の責務を明らかにしています。

　本法第 17 条は、内閣総理大臣を会長とする閣僚会議である「こども政策推進会議」を、こども家庭庁に置くことを規定しています。この会議は、こども大綱の案を作成し、こども施策の実施を推進する政府全体の統括的役割を果たします。なお、児童福祉法や児童の権利条約の対象が 18 歳未満に限定されていたのに対し、本法の対象年齢は限定されておらず「心身の発達の過程にある者」とされ、若者をその対象に含めています。

　本法に基づき、従来の「少子化社会対策大綱」「子供・若者育成支援推進大綱」及び「子供の貧困対策に関する大綱」は統合され、「こども大綱」として一元化されました。

　本法施行の 2023 年、こども家庭庁設置法により、こども家庭庁は内閣府の外局として設置されました。こども家庭庁は、子どもに関する行政分野のうち、従来、内閣府・厚生労働省が担っていた事務の一元化を目的として設立されたものです。

こども基本法が成立した経緯について調べ、まとめましょう。

第2節　児童福祉六法

1 ≫≫ 児童福祉六法

　①児童福祉法、②児童扶養手当法、③特別児童扶養手当法、④母子及び父子並びに寡婦福祉法、⑤母子保健法、⑥児童手当法の6つの法律を総称して児童福祉六法と呼びます。児童福祉六法は、戦後まもなく制定された児童福祉法を除いては、1960年代から1970年代初頭にかけて制定されました。戦前においては、児童福祉の目的は要保護児童対策に限定されていましたが、戦後には対象が一般児童へ拡大されていきました。平成に入ると、児童福祉関連法令はさらに少子化対策、貧困対策、労働環境の改善等へと機能を拡大させて、その体系は巨大なものになっています。

2 ≫≫ 児童福祉法

　児童福祉法は、児童福祉法体系の基本法として、敗戦直後の1947年に制定されました。制定当時は、敗戦後の混乱期にあり、戦災孤児や浮浪児童の保護が喫緊の課題でした。児童福祉法は、要保護児童に対象を限定せず、全ての児童の福祉を目的とする普遍的な性格を有している点に特徴があります。児童福祉法は、旧生活保護法、身体障害者福祉法と並んで、戦後初期に制定された福祉三法の一つです。児童福祉法では、児童を満18歳に満たない者とし、児童福祉の対象年齢を明示しています。

制定当時の児童福祉法では第1条から第3条において、本法の基本理念が規定されています。第1条において子ども家庭福祉の理念を規定し、第2条では国・地方公共団体に、児童を健全に育成する責任を負わせています。本法は、児童相談所や児童福祉施設の組織について定めています。さらに第34条は、禁止行為として身体障害等のある児童を見せ物にすること、児童に乞食をさせること、公衆の娯楽のために満15歳未満の児童に軽業や曲芸をさせること、満15歳未満の児童に酒席に侍らせる仕事をさせること、児童に淫行をさせることなどを定め、それらを行った者に対する罰則を規定しています。

児童福祉法は、時代の趨勢に合わせ、複数回にわたって主要な改正がなされてきました。特に2000年以降は、毎年のように頻繁な改正がされています。以下では、主要な改正として、1997年、および2016年の改正について確認しておきましょう。

1997年の改正では、保育所について、市町村の措置による入所の仕組みを、保護者が保育所を選択する選択利用方式に改めました。さらに、児童福祉施設の目的・名称の変更も行われました。従来の養護施設は児童養護施設に、教護院が児童自立支援施設に、母子寮が母子生活支援施設に、それぞれ名称変更されています。さらに、地域の児童の福祉に関する問題について、児童、母子家庭、そのほかの家庭、地域住民等からの相談に応じ、必要な助言、指導を行うことを目的として、児童家庭支援センターが創設されました。

2016年の改正では、制定以来変更されてこなかった児童福祉法の理念が、児童の権利に関する条約の精神に準拠する形で明確化されました。具体的には、子どもの最善の利益の保障、子どもが権利主体であることの確認がなされています。

3 ≫≫≫ 児童扶養手当法

児童扶養手当法は、父母が婚姻を解消したり、父母のいずれかが死亡するなどしたひとり親家庭を対象として支給される児童扶養手当について規定しています。1961年に制定されました。当初は母子家庭のみを対象としていましたが、2010年には父子家庭も対象に加えています。ひとり親の子どもが18歳に達する日以降の最初の3月末日までが、対象とされています。2014年以降は公的年金給付を受けていても、手当の金額がそれより低い場合、差額が支給されるようになっています。2016年の改正により、親と子どもの二人世帯の場合、親の年収が160万円未満の場合は満額支給、160万円以上365万円未満の場合は収入により10円刻みで支給額が設定されています。

4»»» 特別児童扶養手当法

　特別児童扶養手当法は、障害がある子どもを対象とした、①特別児童扶養手当、②障害児福祉手当、③特別障害者手当の支給について定めた法律です。1964年に制定されました。本法制定当初は、重度知的障害児に対する手当の支給に留まっていましたが、1966年には身体障害児にまで支給対象が拡大されました。本法が対象としている手当は、①は20歳未満の障害児を監護する養育者に対するもの、②は重度障害児に対するもの、③は20歳以上の重度障害者に対するものです。支給月額は、障害の程度により1級（重度）、2級（中度）と異なっており、一定以上の収入がある者には支給されないという所得制限があります。2023年4月分からの支給額は、特別児童扶養手当（1級）5万3,700円、同手当（2級）3万5,760円、障害児福祉手当1万5,220円、特別障害者手当2万7,980円となっています。支給金額の改定に際しては、物価の上昇・下落に応じて支給額が調整される自動物価スライド制が導入されています。

5»»» 母子及び父子並びに寡婦福祉法

　母子及び父子並びに寡婦福祉法は、ひとり親家庭等に対する福祉サービスを規定した法律です。1964年に母子福祉法として制定されたのち、1981年に寡婦（配偶者のいない女子として、20歳未満の子を扶養していた者）を加え、さらに2014年に父子家庭を対象に加えて、現行法となりました。ただし妻と離別または死別し、かつて子を扶養していた独身の男子は対象とされていません。本法はひとり親家庭等の生活の安定と向上を目的とし、母子・父子自立支援員による相談援助、母子福祉資金・父子福祉資金の貸付け、家庭生活支援員の派遣による日常生活支援事業などの措置がとられます。

6»»» 母子保健法

　母子保健法は、もともと児童福祉法に含まれていた母子保健に関する規定を独立させて、1965年に制定されました。本法は、戦後高止まりしていた乳児死亡率の低下を図り、母子保健水準を向上させることを目的としています。本法には、母体保護、乳幼児の発達検査等の規定が含まれています。妊娠の届出と母子健康手帳の発行、妊産婦の訪問指導、健康診査（1歳6か月児健診と3歳児健診）、未熟児（低出生体重児）の訪問指導、養育医療などの実施を、

市町村の責務として規定しています。2016年の改正で、母子健康包括支援センター（子育て世代包括支援センター）の設置が市町村の努力義務とされ、妊産婦・保護者への切れ目のない支援を提供することが図られています。なお2024年度より、母子健康包括支援センターは子ども家庭総合支援拠点と一体化され、こども家庭センターが設置されます。

7≫≫≫ 児童手当法

児童手当法は、児童を養育する保護者に児童手当を支給することを定めた法律です。1971年に制定されました。2023年現在は、0歳から中学校卒業までの子どもを養育する者に支給されています。当初は、多子家庭の経済的困窮を救済することを目的としており、中所得以下の家庭の第3子以降の支給に対象が限定されていました。2010年には当時の民主党政権下で、児童手当は子ども手当に包括され、所得制限を課さずに全ての子育て家庭に対する支給が行われていましたが、2012年には子ども手当は廃止となり、従来のように所得制限のある児童手当が復活しました。2023年現在の支給額は、0歳から3歳未満の児童には一律1万5,000円、3歳以上小学校修了までの児童には1万円（第3子以降は1万5,000円）、中学生には一律1万円となっています。なお所得制限があり、制限限度額以上の場合は特例給付として児童1人につき月額5,000円が支給されます。

第3節　子ども家庭福祉の関連法

1≫≫≫ 児童虐待の防止等に関する法律（児童虐待防止法）

平成（1989～2019年）以降、児童福祉六法に加えてそれらを補完し、子どもを取り巻く最新の状況に対応するための新法が制定されています。その一つが、2000年に制定された児童虐待防止法です。本法に先立つ旧児童虐待防止法は、1933年に制定されましたが、当時は児童の人身売買、酷使など、現在の虐待とは異なる事態への対応を図るものでした（旧法は、児童福祉法の制定に伴い1947年に廃止）。2000年制定の新法では、児童虐待は身体的虐待、心理的虐待、性的虐待、ネグレクトの4種類として定義されました。本法では、学校・病院等の教職員・医師・保健師・弁護士等は、児童虐待に関して早期発見に努めなければならないとし、児童虐待を受けたと思われる児童を発見した者は、速やかに福祉事務所・児童相談所に通告しなければならないとしています。さらに、都道府県知事は、保護者に出頭を

求め、また必要に応じて自宅へ立ち入り調査を行うことができます。保護者がこれらを拒否する場合、裁判所の許可状（令状）を得て、臨検・捜索を行うことができます。

2019年の改正により、親権者がしつけとして行う体罰が禁止されました。直近の情勢に対応するため、3年ごとに見直しが行われています。

2»»» 児童買春、児童ポルノに係る行為等の規制及び処罰並びに児童の保護等に関する法律（児童買春・児童ポルノ禁止法）

児童買春・児童ポルノ禁止法は、18歳未満の児童に対する児童買春・児童ポルノの取締りなどを目的とし、1999年に制定されました。本法において児童買春とは、児童、周旋者、保護者などに対価を供与したり、対価を与える約束をして児童に対し、性交等（性交・性交類似行為をしたり、自己の性的好奇心を満たす目的で、児童の性器等（性器、肛門、乳首）を触ったり、児童に自己の性器等を触らせること）をすることと定義されています。

本法において児童ポルノは、「衣服の全部又は一部を着けない児童の姿態」や、際だって児童の性的な部位（性器等やその周辺部、臀部・胸部）が露出されていたり、強調されていたりするもの、性欲を興奮させたり刺激するものを、写真や電磁的記録媒体（CD、DVD、携帯電話のデータフォルダー、パソコン等）などで描写したものと定義されています。

2014年の改正で、従来から刑事罰が規定されていた提供目的の児童ポルノの所持に加えて、児童ポルノの単純所持の刑事罰の規定が加えられました。なお、本法では国外犯処罰規定が設けられ、禁止行為が日本国外において行われた場合についても処罰されます。

3»»» 配偶者からの暴力の防止及び被害者の保護等に関する法律（DV防止法）

DV防止法は、配偶者等からの暴力（ドメスティック・バイオレンス、略称DV）に関する通報、相談、保護、自立支援等の体制を整備し、配偶者等からの暴力の防止および被害者の保護を図ることを目的として、2001年に制定された法律です。配偶者は現に婚姻関係になくても、事実婚、あるいは離婚後に継続して暴力を受けている相手を含めており、男女の性別を問いません。暴力は単に身体的な暴力だけでなく、心身に有害な影響を与える言動も含みます。本法は、国、地方公共団体には、DV防止のための取り組みを実施する責務があること、その基本計画を策定することなどを規定しています。配偶者からの身体に対する暴力を受けている者を発見した者には、配偶者暴力相談支援センター、または警察官に通報する努

力義務が課せられています。なお、婦人相談所（都道府県に必置／法改正により、2024年4月以降は女性相談支援センター）は、本法における配偶者暴力相談支援センターの機能を兼ねることができ、被害者の相談・支援、一時保護等を行います。

本法に基づき地方裁判所は、被害者の申し立てにより、接近禁止命令、退去命令、子に対する接近の禁止命令などの保護命令を出すことができます。保護命令に違反した者には、1年以下の懲役または100万円以下の罰金が科せられます。

2013年の改正では、生活の本拠を共にする交際相手からの暴力があった場合も、配偶者からの暴力があった場合に準じて本法が適用されることとなりました。2019年の改正では、DV被害者の適切な保護のための連携・協力機関として児童相談所を規定し、被害者の同伴家族も保護対象に加えています。

4»»» 子どもの貧困対策の推進に関する法律（子どもの貧困対策推進法）

子どもの貧困対策推進法は、2000年代後半から社会問題化した子どもの貧困率の高さへの対応として、2013年に制定された法律です。貧困の世代間連鎖に着目し、子どもの将来がその生まれ育った環境によって左右されることのないよう、貧困の状況にある子どもが健やかに育成される環境を整備し、教育の機会均等を図るために、子どもの貧困対策の基本理念・基本となる事項を定め、国等の責務を明らかにすることを目的としています。本法に基づき都道府県は、貧困率の低下などの数値目標を定めた都道府県計画を作成します。

5»»» 上掲以外の社会環境の整備に関する関連法

上掲以外で、子どもをめぐる社会環境の改善を目的とし、そのための基本計画の策定を国・地方自治体等に求める法律には、少子化社会対策基本法（2003年制定）、次世代育成支援対策推進法（2003年制定）、子ども・子育て支援法（2012年制定）などがあります。このほか、男女雇用機会均等法（1972年制定）、育児・介護休業法（1991年制定）などは、育児をめぐる男女間の負担格差の解消を目的とし、施行後も改正がなされており、労働環境の整備という観点から子ども家庭福祉を支える法律であると言えます。

【ワーク②】調べて書いてみよう！

児童虐待防止法、児童ポルノ禁止法、DV 防止法のそれぞれの違反事件について、最近の報道を探し、事件の概要と推移をまとめましょう。

【参考文献】

伊奈川秀和『〈概観〉社会福祉法』信山社、2018 年

大村敦志・横田光平・久保野恵美子『子ども法』有斐閣、2015 年

小林雅彦『新版　民生委員・児童委員のための子ども・子育て支援実践ハンドブック』中央法規出版、2023 年

保育福祉小六法編集委員会『保育福祉小六法【2023 年版】』みらい、2023 年

八重樫牧子・原葉子編『児童や家庭に対する支援と児童・家庭福祉制度〈第 4 版〉』（社会福祉士シリーズ 15）、弘文堂、2020 年

山縣文治『子ども家庭福祉論［第 3 版］』（シリーズ・福祉を知る 3）ミネルヴァ書房、2022 年

［吉田直哉］

第**6**章

子ども家庭福祉の実施体制

第1節　子ども家庭福祉の行政

国及び地方公共団体

　子ども家庭福祉の実施体制については、公的制度に基づいて主に国及び地方公共団体が活動を担っています。それは、児童福祉法第2条第3項において「国や地方公共団体は、児童の保護者とともに、児童を心身ともに健やかに育成する責任を負う」と述べられ、保護者と同様に子どもの養育に対する公的責任が規定されているためです。また、国や地方公共団体は児童福祉法第3条の2において「児童が家庭において健やかに養育されるよう、保護者を支援し、家庭における養育が適当でない場合には、児童が家庭における養育環境と同様の養育環境において継続的に養育されるよう、必要な措置を講ずるものとする」と述べられ、家庭での健全な養育のための保護者支援と、保護者が養育困難な状況の場合には保護者に代わって家庭と同様の環境における養育の推進が求められています。

　また、児童福祉法第3条の3では国、地方公共団体としての都道府県、市町村の役割と責務について定められ、国、都道府県、市町村によって役割と責務が異なり、それぞれの役割と責務に応じて段階的に子ども家庭福祉に関する行政機関が組織されています。

（1）国とこども家庭庁

　国は、児童福祉法第3条の3第3項において「児童が適切に養育される体制の確保に関する施策、市町村・都道府県に対する助言、情報提供等の必要な各般の措置を講じる」とされています。つまり、国の役割と責務は子ども家庭福祉における政策の企画立案、市町村や都道府県における施策に対して総合調整することなどです。

　国の子ども政策に関する中枢的行政機関として、2023年度にこども家庭庁が発足されました。こども家庭庁の発足によって、これまで子ども政策を担う国の行政機関であった内閣府の子ども・子育て本部、厚生労働省の子ども家庭局などがこども家庭庁に移管され、子ども家庭福祉に関する司令塔機能がこども家庭庁に一本化されました。こども家庭庁の組織は、子ども家庭福祉の政策の企画立案・総合調整などを行う「長官官房」、就学前の全ての子どもの育ちの保障や、妊娠・出産、母子保健などの子どもの生育に関する支援を行う「成育局」、様々な困難を抱える子どもや家庭に対する年齢や制度の壁を克服した包括的支援などを行う「支援局」の1官房2局体制で構成されています。

　また、こども家庭庁では内閣総理大臣を会長とし、こども政策担当の内閣府特命担当大臣

及び内閣総理大臣の指定する大臣が委員となって組織するこども政策推進会議を設置することが、こども基本法によって規定されています。こども政策推進会議では、こども大綱の案の作成、こども施策の実施の推進、関係行政機関相互の調整などの事務をつかさどります。さらに、こども家庭庁設置法第7条により、こども家庭庁の重要事項の調査審議などを行うこども家庭審議会が設置されています。

（2）都道府県

　都道府県は、児童福祉法第3条の3第2項において「市町村に対する必要な助言や適切な援助を行うとともに、専門的な知識・技術や広域的な対応が必要な業務を適切に行う」とされています。つまり、都道府県の役割と責務は、市町村の事務や支援業務などが円滑に運営されるように必要な助言や援助を行い、市町村の境界を越えた広域的な支援業務などを行うことです。

　都道府県の子ども家庭福祉に関する業務として児童福祉法第11条では、市町村相互間の連絡調整、市町村に対する情報の提供、市町村職員の研修、子育て家庭への専門的相談、子どもの調査・判定・指導、子どもの一時保護、里親への情報提供・助言などが規定されています。さらに、都道府県は児童相談所（児童福祉法第12条）、児童福祉施設の設置（児童福祉法第35条第4項）などが義務づけれらています。また、指定都市と中核都市においても都道府県と同様の子ども家庭福祉に関する業務が行われています。

（3）市町村

　市町村は、児童福祉法第3条の3第1項において「基礎的な地方公共団体として、身近な場所における支援業務を適切に行う」と規定されています。つまり、子どもや子育て家庭にとって身近な地方公共団体である市町村の役割と責務は、地域の子どもや子育て家庭と密接に関わり、地域の実情に応じた支援を提供することになります。

　子ども家庭福祉に関する具体的な市町村の業務は児童福祉法第10条によって、子どもや子育て家庭などの実情の把握、情報提供、相談・調査・指導、必要な支援を行うことが規定されています。また、市町村は、専門的な知識及び技術を要するものについて児童相談所の援助及び助言を求めること、医学的、心理学的、教育学的、社会学的及び精神保健上の判定を必要とする場合について、児童相談所の判定を求めることなどが規定されています。

第2節　子ども家庭福祉の審議会等及び実施機関

1 »»» 子ども家庭福祉に関する審議会等

（1）こども家庭審議会

　こども家庭庁設置法第7条により、こども家庭庁にはこども家庭審議会の設置が義務付けられています。こども家庭審議会は、内閣総理大臣又はこども家庭庁長官の諮問に応じて、①子ども・子育て支援法の施行に関する重要事項、②こども、こどものある家庭及び妊産婦その他母性の福祉の増進に関する重要事項、③こども及び妊産婦その他母性の保健の向上に関する重要事項、④こどもの権利利益の擁護に関する重要事項についての調査審議、関係法律の規定によりその権限に属された事項を処理します。また、こども家庭審議会では、基本政策部会、幼児期までのこどもの育ち部会、社会的養育・家庭支援部会、児童虐待防止対策部会などの部会が設置されています。

（2）児童福祉審議会

　児童福祉審議会は、児童福祉法第8条において、関係法律の規定によりその権限に属させられた事項を調査審議するため、都道府県に児童福祉に関する審議会その他の合議制の機関を置くものと規定されています。つまり、児童福祉審議会は子どもや妊産婦、子育て家庭などの重要事項について調査審議する機関であり、都道府県（指定都市を含む）において設置することが義務付けられているのです。具体的な業務としては、①都道府県知事に対する保育士の登録への意見（児童福祉法第18条の20の2第2項）、②都道府県知事に対する子どもの児童福祉施設への措置や措置変更などへの意見（児童福祉法第27条第6項）、③都道府県知事に対する保育所設置の認可への意見（児童福祉法第35条第6項）、④都道府県知事が子どもに著しく有害な運営を行っている施設の設置者に対して業務停止を命ずる際の意見（児童福祉法第46条第4項）などがあげられます。

　また、市町村においても子ども、妊産婦及び知的障害者の福祉に関する事項を調査審議などを行う機関として、児童福祉審議会を任意で設置することができます（児童福祉法第8条第3項）。

2 »»» 子ども家庭福祉に関する実施機関

（1）児童相談所

　児童相談所は児童福祉法に基づき設置される行政機関で、都道府県と指定都市に設置義務

があり（児童福祉法第12条、同法第59条の4第1項、地方自治法第156条）、中核市や特別区にも設置することができます（児童福祉法第59条の4第1項）。児童相談所の目的は、児童相談所運営指針において「市町村と適切な役割分担・連携を図りつつ、子どもに関する家庭その他からの相談に応じ、子どもが有する問題又は子どもの真のニーズ、子どもの置かれた環境の状況等を的確に捉え、個々の子どもや家庭に最も効果的な援助を行い、もって子どもの福祉を図るとともに、その権利を擁護すること」と述べられています。また、児童相談所の目的を達成するための3つの条件として、児童相談所運営指針において、①児童福祉に関する高い専門性を有していること、②地域住民に浸透した機関であること、③児童福祉に関する機関、施設等との連携が十分に図られていることがあげられています。

　児童相談所の基本的機能は、児童相談所運営指針より4つの機能が示され、具体的な内容は**表6-1**の通りです。また、児童相談所の相談の種類として、①養護相談、②障害相談、③非行相談、④育成相談、⑤その他の相談に分類され、5つの相談のうち最も多いものは全体の47％の相談を占める①養護相談が最も多く（「令和3年度福祉行政報告例の概況」より）、その要因として、近年の児童虐待における相談の増加があげられます。

表6-1　児童相談所の4つの機能

機能（根拠法）	内容
市町村援助機能 （児童福祉法第12条第2項）	市町村による児童家庭相談への対応について、市町村相互間の連絡調整、市町村に対する情報の提供その他必要な援助を行う機能。
相談機能 （児童福祉法第12条第2項）	子どもに関する家庭その他からの相談のうち、専門的な知識及び技術を必要とするものについて、必要に応じて子どもの家庭、地域状況、生活歴や発達、性格、行動等について専門的な角度から総合的に調査、診断、判定（総合診断）し、それに基づいて援助指針を定め、自ら又は関係機関等を活用し一貫した子どもの援助を行う機能。
一時保護機能 （児童福祉法第12条第2項、同法第12条の4、同法第33条）	必要に応じて子どもを家庭から離して一時保護する機能。
措置機能 （児童福祉法第26条、第27条（児童福祉法第32条による都道府県知事（指定都市又は児童相談所設置市の市長を含む。）の権限の委任））	子ども又はその保護者を児童福祉司、児童委員（主任児童委員を含む。以下同じ。）、児童家庭支援センター等に指導させ、又は子どもを児童福祉施設、指定医療機関に入所させ、又は里親に委託する等の機能。

出典：厚生労働省「児童相談所運営指針」をもとに筆者作成

　児童相談所の業務遂行のために配置される職員は、所長、児童福祉司、相談員、精神科を専門とする医師（精神科医）、児童心理司、心理療法担当職員などです。そのなかでも児童相談所の業務において中心的な役割を担う児童福祉司は、児童相談所の管轄区域の人口3万人に1人以上の児童福祉司の配置と、児童虐待相談対応件数に応じて加配される児童福

祉司を配置する必要があります（児童福祉法施行令第3条第1項）。また「新たな児童虐待防止対策体制総合強化プラン」では、児童虐待発生時の迅速・的確な対応を確保するとともに、家庭養育の推進、市町村の相談支援体制の強化を図るために、児童相談所の児童福祉司を2024年度までに6,850人程度まで増員する目標を定めています。

（2）福祉事務所

福祉事務所とは、社会福祉法第14条によって都道府県及び市（特別区を含む）に設置が義務付けられている「福祉に関する事務所」のことであり、町村については任意で設置することができます。福祉事務所は、生活保護法、児童福祉法、母子及び父子並びに寡婦福祉法、老人福祉法、身体障害者福祉法、知的障害者福祉法の福祉六法に規定される援護、育成及び更生の措置に関する業務を行う行政機関です。都道府県及び市町村ごとの所管する業務については、都道府県の福祉事務所の所管が生活保護法、児童福祉法、母子及び父子並びに寡婦福祉法に関する業務であり、市の福祉事務所の所管は福祉六法に関する全ての業務、町村の福祉事務所の所管が老人福祉法、身体障害者福祉法、知的障害者福祉法に関する業務です。

また、福祉事務所は、①指導監督を行う職員、②現業を行う職員、③事務を行う職員を配置する必要があります（社会福祉法第15条）。そのうちの①と②については、社会福祉主事であることが規定され（社会福祉法第15条第6項）、福祉事務所の業務において社会福祉主事が中心的な役割を担っていることが理解できます。さらに、市町村の福祉事務所では、身体障害者福祉司と知的障害者福祉司を配置することができます（身体障害者福祉法第11条の2、知的障害者福祉法第13条）。

福祉事務所では子ども家庭福祉に関する専門的な相談指導の強化を図るために、家庭児童相談室を設置することができます（厚生労働省「家庭児童相談室の設置運営について」）。家庭児童相談室においては、家庭児童福祉に関する専門的技術を必要とする業務を行う職員として、家庭児童福祉の業務に従事する社会福祉主事及び家庭児童福祉に関する相談指導業務に従事する職員（家庭相談員）を配置することと定められています。

（3）要保護児童対策地域協議会

要保護児童対策地域協議会（以下、「要対協」と略）は、虐待を受けている子どもなどの要保護児童の適切な保護、支援等を行うため、子どもに関係する機関等で構成されています。市町村などの地方公共団体が単独あるいは共同で置くように努めることとされ（児童福祉法第25条の2）、要対協の設置については努力義務です。また、要対協は、要保護児童などに

対して適切な保護や支援を図るために必要な情報交換を行い、支援対象児童等に対する支援内容を協議することが業務として定められています（児童福祉法第25条の2第2項）。

要対協の構成員は、児童福祉関係（児童相談所、児童福祉施設、市町村の児童福祉主管課など）、教育関係（小中高等学校、教育委員会など）、保健医療関係（医師、保健所、保健センターなど）、警察（警察署、法務局、人権擁護委員会など）・司法関係、その他（NPO、民間のボランティア団体など）の分野の関係者で組織されています。

（4）児童家庭支援センター

児童家庭支援センターは、多忙な児童相談所の業務を補うために、地域の子育て家庭への相談支援などを目的に創設された児童福祉施設です。設置及び運営の主体は地方公共団体や社会福祉法人等であり、都道府県知事が要保護児童の指導の委託先として、適切な水準の専門性を有する機関であると認めた者が設置することができます（厚生労働省「児童家庭支援センターの設置運営等について」）。

また、児童家庭支援センターの目的は、児童福祉法第44条の2において「地域の児童の福祉に関する各般の問題につき、児童に関する家庭その他からの相談のうち、専門的な知識及び技術を必要とするものに応じ、必要な助言を行うとともに、市町村の求めに応じ、技術的助言その他必要な援助を行う」と規定され、加えて児童相談所と児童福祉施設等との連絡調整などの役割も定められています。児童家庭支援センターの具体的な業務内容については設置運営等において、①地域・家庭からの相談に応ずる事業、②市町村の求めに応ずる事業、③都道府県又は児童相談所からの受託による指導、④里親等への支援、⑤関係機関等との連携・連絡調整があげられます。

（5）児童委員

児童委員は、民生委員法に規定される民生委員と兼務しており、都道府県知事の推薦から厚生労働大臣による委嘱によって任命され、民間の奉仕者として無報酬で活動します（児童福祉法第16条）。また、厚生労働大臣より児童委員のなかから指名を受け、子ども家庭福祉に関する事項を専門的に担当する主任児童委員もいます。

児童委員の職務は児童及び妊産婦の、①その生活及び取り巻く環境の状況を把握しておくこと、②その保護、保健その他福祉に関し、サービスを適切に利用するために必要な情報の提供その他の援助及び指導を行うこと、③社会福祉を目的とする事業を経営する者又は児童の健やかな育成に関する活動を行う者と密接に連携し、その事業又は活動を支援すること、

④児童福祉司又は福祉事務所の社会福祉主事の行う職務に協力すること、⑤児童の健やかな育成に関する気運の醸成に努めること、⑥その他、必要に応じて、福祉の増進を図るための活動を行うことがあげられます（児童福祉法第17条）。また、主任児童委員の職務は、①児童の福祉に関する機関と区域を担当する児童委員との連絡調整を行うこと、②区域を担当する児童委員の活動に対する援助及び協力を行うことがあげられ（児童福祉法第17条第2項）、児童委員の活動を包括的にサポートすることが求められています。

（6）保健所及び市町村保健センター

保健所は、地域住民の保健業務に関わる企画及び調整や、母子保健、精神保健、感染症対策などの広域的・専門的・技術的拠点に位置付けられる施設です。地域保健法に基づいて都道府県、指定都市、特別区、中核市などに設置されています（地域保健法第5条第1項）。また、市町村は地域住民に対してより密着して保健業務を行う市町村保健センターを設置することができます（地域保健法第18条）。母子健康手帳の交付、妊産婦及び乳幼児の健康診査、予防接種などの地域住民が直接受けられる保健業務を行っています。

（7）こども家庭センター

2024年度より児童福祉法と母子保健法が改正され、より効果的な子ども虐待等の対応を図るために、子ども家庭総合支援拠点と子育て世代包括支援センター（母子健康包括支援センター）が一体化した相談機関として、こども家庭センターが設立されます。こども家庭センターは市町村に設置義務があり、すべての妊産婦、子育て世帯、子どもを対象として、こども家庭支援員や保健師によって、①児童及び妊産婦の福祉や母子保健の相談等、②家庭や地域の状況の把握・情報提供、必要な調査・指導等、③支援を要する子ども・妊産婦等へのサポートプランの作成、連絡調整、④保健指導、健康審査等の業務を行います。

第3節　子ども家庭福祉の財政

1 ≫≫ 国庫支出金

国庫支出金とは、地方公共団体が行う特定の事務や事業に対して国から交付される公費のことです。国庫支出金には、国が地方公共団体と共同で行う事務や事業に対して一定の負担区分に基づき義務的に負担する国庫負担金、国が財政援助として交付する国庫補助金、国か

らの委託事務で経費の全額を負担する国庫委託金があります。子ども家庭福祉に関する事務や事業の国庫支出金としては、児童保護措置費等負担金などが挙げられます。

2 ≫≫≫ 児童保護措置費等

児童保護措置費は、児童福祉施設入所及び里親委託等の措置がなされた児童等の養護のために、児童福祉施設等に対して児童福祉法に定められる最低基準を維持するための費用を、児童福祉施設が国や都道府県より措置費として支弁を受ける経費です（児童福祉法第50条第7号）。この措置費の負担割合は、国が1/2、都道府県が1/2に規定されています（児童福祉法第53条）。

ただし、児童福祉施設のなかでも保育所や障害児に関する施設等を運営するための経費は、子ども・子育て支援制度による施設型給付費と障害児施設給付制度の障害児通所・入所給付費によって支弁されるため、国と地方公共団体の負担割合が児童保護措置費とは異なります。保育所の経費である施設型給付費の場合、市町村が設置する保育所については市町村がすべての経費を負担し（児童福祉法第51条第4号）、私立保育所の場合は国が1/2、都道府県が1/4、市町村が1/4の割合で負担します（児童福祉法第53条、同法第55条）。

障害児通所・入所給付費については、児童発達支援事業や放課後等デイサービスなどの障害児通所支援に要した費用において国が1/2、都道府県が1/4、市町村が1/4の負担割合（児童福祉法第53条、同法第55条）、障害児入所施設などの障害児入所支援に要した費用については、国が1/2、都道府県が1/2の割合で負担します（児童福祉法第50条第6の3号、同法第53条）。

3 ≫≫≫ 次世代育成支援対策施設整備交付金

次世代育成支援対策施設整備交付金とは、次世代育成支援対策推進法第11条に定められる、都道府県や市町村の行動計画において策定した事業における経費に対して支弁される交付金のことです。ちなみに交付金とは「法令又は条例、規則等により、団体あるいは組合等に対して地方公共団体の事務を委託している場合において当該事務の報償として支出するもの」とされる公費です。具体的には次世代育成支援対策を推進するために、都道府県や市町村などが策定する都道府県及び市町村整備計画などに基づいて実施される、児童福祉施設等及び障害児施設等に関する施設整備事業に交付されます。

児童虐待防止対策の強化に向けて、2022年12月に「新たな児童虐待防止対策体制総合強化プラン」が策定され、「児童相談所の体制強化」の1つとして児童福祉司の増員について具体的な目標などが設定されました。そこで、このプランにおける「児童相談所の体制強化」の6つの取り組みについて調べ、その内容を記入して理解しましょう。

子ども家庭福祉に関わる、以下1～2の実施機関の措置費などにおける国と地方公共団体の負担割合について、インターネットなどを使って調べてみましょう。

1．児童福祉施設（保育所、母子生活支援施設等をのぞく）の措置費について、国と都道府県の負担割合を調べてみましょう。

2．私立施設（社会福祉法人など）の保育所、幼保連携型認定こども園、小規模保育事業の運営費の公費負担について、国、都道府県、市町村の負担割合を調べてみましょう。

【引用・参考文献】

月刊「地方財務」編集局編『九訂　地方公共団体歳入歳出科目解説』ぎょうせい、2020年、pp.355-356

井村圭壯、今井慶宗編著『子ども家庭福祉の形成と展開』勁草書房、2022年

厚生労働省ホームページ：「新たな児童虐待防止対策体制総合強化プラン」

関東信越厚生局公式ホームページ：次世代育成支援対策施設整備交付金交付要綱（令和5年8月22日）

谷田貝公昭・石橋哲成監修、髙玉和子・千葉弘明編著『新版児童家庭福祉論』（コンパクト版　保育者養成シリーズ）
　　　一藝社、2018年

［千葉弘明］

第**7**章

子ども家庭福祉の施設・サービス

第 1 節　児童福祉施設の概要

1 ≫≫ 児童福祉施設とは

　子どもたちを取りまく家庭環境は、家族形態の変化や経済状況の変動等にともない大きく変わってきています。昨今のそうした背景から、児童福祉施設は子どもや保護者に適切な環境を提供し、保護・養育・退所後のアフターケアなど、家族支援と子どもの育成に関わる重要な機関として機能しています。そして、その施設類型は児童福祉法第7条において、助産施設、保育所、幼保連携型認定こども園、児童厚生施設、乳児院、児童養護施設、児童心理治療施設、児童自立支援施設、児童家庭支援センター、母子生活支援施設、障害児入所施設、児童発達支援センターの12種類に区分されています。

　またこれらの児童福祉施設はその設置目的に従って、①母子保健を目的とする施設、②保育を目的とする施設、③子どもの健全育成を目的とする施設、④養護を必要とする児童を対象とする施設、⑤ひとり親家庭への支援を目的とする施設、⑥障害のある子どもを支援する施設の6種類に分類されます。生活形態でみると、入所型施設・通所型施設・利用型施設に大別され、入所型施設では、何らかの理由により家庭で暮らすことの困難な子どもたちに対し、生活の場を提供するとともに必要に応じて専門的な援助が実施されています。通所型施設では、在宅生活をしている子どもたちに対し、保育、療育、自立支援など通いながら利用できるサービスが提供されています。利用型施設は必要があるときに子どもや家族が訪れて利用する施設です。**表7-1**は児童福祉施設を設置目的と生活形態から整理したものです。

表 7-1　児童福祉施設の類型と種類

目的／類型	入所型施設	通所型施設	利用型施設
①母子保健	助産施設		
②保育		保育所	
		幼保連携型認定こども園	
③健全育成			児童厚生施設（児童遊園・児童館等）
④社会的養護	乳児院		
	児童養護施設		
	児童心理治療施設	（通所機能も有する）	
	児童自立支援施設	（通所機能も有する）	
			児童家庭支援センター
⑤ひとり親家庭への支援	母子生活支援施設		
⑥障害児童への支援	障害児入所施設（福祉型・医療型）	児童発達支援センター（福祉型・医療型）	

出典：厚生労働省「児童福祉法」をもとに筆者作成

2 ≫≫ 児童福祉施設の設備・運営の基準

児童福祉施設の設備や運営については、児童福祉法第45条に基づき「児童福祉施設の設備及び運営に関する基準」が設けられ、子どもたちの育成を支える上で必要な「最低基準」が定められています。まず「総則」では児童福祉施設に共通する事項に関し、施設の一般原則、非常災害対策、職員の一般的要件、職員の知識及び技能の向上、入所した者を平等に取り扱う原則、虐待等の禁止、衛生管理、食事、秘密保持、苦情への対応等の規定がなされています。また、「総則」に続けて施設の種類ごとに基準が示されており、施設設備、職員配置、資格要件等について細かく取り決められています。これらの「最低基準」に基づいて都道府県知事による監査が実施され、基準に満たない場合は施設設置者に対する改善勧告や事業の停止又は施設の閉鎖命令等の措置がとられる（児童福祉法第59条）こととなっています。

3 ≫≫ 児童福祉施設の種類と概要

児童福祉施設は子どもが権利主体であり、その最善の利益を優先するという考え方に則って運営されています。以下では、施設の種類と概要〔設置目的（『児童福祉法』参照）・職員（『児童福祉施設の設備及び運営に関する基準』参照）・特徴及び機能等〕についてみていきます。

（1）助産施設

助産施設は、保健上必要があるにもかかわらず、経済的理由により、入院助産を受けることができない妊産婦を入所させて、助産を受けさせることを目的とする施設とする。 （児童福祉法第36条）
〔主な職員（専門職名）〕保育士、嘱託医、調理員（委託可）

助産施設は、保健上必要があるにもかかわらず、経済的な理由により入院助産を受けることが難しい妊産婦が入院し、助産を受けることができる施設です。主に産科病院や助産所が指定されています。手続き方法は、助産を受けようとする者が居住地の福祉事務所に申請を行い、福祉事務所が所得などの利用要件を確認したのち、利用の可否が決定されます。

（2）保育所

保育所は、保育を必要とする乳児・幼児を日々保護者の下から通わせて保育を行うことを目的とする施設（利用定員が20人以上であるものに限り、幼保連携型認定こども園を除く。）とする。②保育所は、前項の規定にかかわらず、特に必要があるときは、保育を必要とするその他の児童を日々保護者の下から通わせて保育することができる。 （児童福祉法第39条）
〔主な職員（専門職名）〕保育士、嘱託医、調理員（委託可）

保育所は、養護と教育を一体的に行うことを特長とし、保育サービスと子育て支援の中核

を担う児童福祉施設です。仕事におけるキャリアの継続やひとり親への支援、経済的な諸問題への対応において子どもを預けて働く必要のある人が増えていることなどが、保育サービスの整備要求につながっています。また児童福祉法第 48 条の 4 第 1 項には、「地域の住民に対する保育情報の提供」や「乳児、幼児等の保育に関する相談・助言」などが明記されており、保育所が地域の福祉ニーズにおいても重要な位置付けにあることが分かります。

（3） 幼保連携型認定こども園

> 幼保連携型認定こども園は、義務教育及びその後の教育の基礎を培うものとしての満 3 歳以上の幼児に対する教育（教育基本法（平成 18 年法律第 120 号）第 6 条第 1 項に規定する法律に定める学校において行われる教育をいう。）及び保育を必要とする乳児・幼児に対する保育を一体的に行い、これらの乳児又は幼児の健やかな成長が図られるよう適当な環境を与えて、その心身の発達を助長することを目的とする施設とする。
> ②幼保連携型認定こども園に関しては、この法律に定めるもののほか、認定こども園法の定めるところによる。（児童福祉法第 39 条の 2）
> 〔主な職員（専門職名）〕保育教諭、養護教諭、調理員（委託可）

　少子化の進行や教育・保育ニーズの多様化を背景として、2006 年に「就学前の子どもに関する教育、保育等の総合的な提供の推進に関する法律」が制定され、認定こども園が設置されました。幼保連携型認定こども園は、認定こども園の 4 分類（①幼保連携型、②幼稚園型、③保育所型、④地域裁量型）の 1 つに該当し、2012 年の児童福祉法改正により、学校（幼稚園）と児童福祉施設（保育所）の双方の機能をあわせもつ施設として位置付けられています。

（4） 児童厚生施設

> 児童厚生施設は、児童遊園、児童館等児童に健全な遊びを与えて、その健康を増進し、又は情操をゆたかにすることを目的とする施設とする。　　　　　　　　　　　　　　　　　　　（児童福祉法第 40 条）
> 〔職員〕児童の遊びを指導する者

　児童厚生施設は、すべての子どもたち（0〜18 歳）が自由に活動できるだけでなく、保護者も一緒に利用することができる施設です。屋外型の「児童遊園」と屋内型の「児童館」があり、子どもの健全育成や子育て支援になくてはならない場所となっています。

（5） 乳児院

> 乳児院は、乳児（保健上、安定した生活環境の確保その他の理由により特に必要のある場合には、幼児を含む。）を入院させて、これを養育し、あわせて退院した者について相談その他の援助を行うことを目的とする施設とする。　（児童福祉法第 37 条）
> 〔主な職員（専門職名）〕医師、看護師、個別対応職員、家庭支援専門相談員、栄養士、保育士、児童指導員、調理員（委託可）、心理療法担当職員

　乳児院は、保護者の養育を受けられない乳幼児を養育する施設です。原則として 1 歳未満の乳児を入所させて養育を行いますが、2004 年の児童福祉法改正により、就学前までの子供の入所が可能となりました。乳児院の役割として、乳幼児の基本的な養育に加え、被虐待児・病児・障害児などに対応する「専門的養育機能」、早期家庭復帰のための「保護者支援とアフターケア機能」、児童相談所からの一時保護委託に対応する「一時保護機能」、地域の

育児相談やショートステイの実施を行う「子育て支援機能」があります。

（6）児童養護施設

児童養護施設は、保護者のない児童（乳児を除く。ただし、安定した生活環境の確保その他の理由により特に必要のある場合には、乳児を含む。以下この条において同じ。）、虐待されている児童その他環境上養護を要する児童を入所させて、これを養護し、あわせて退所した者に対する相談その他の自立のための援助を行うことを目的とする施設とする。　　　　（児童福祉法第41条）

〔主な職員（専門職名）〕児童指導員、嘱託医、保育士、個別対応職員、家庭支援専門相談員、栄養士、調理員（委託可）、心理療法担当職員、職業指導員

　児童養護施設では入所児童に対し、安定した生活環境を整えるとともに、生活指導、学習指導、家庭環境の調整等を行い、児童の心身の健やかな成長と自立を支援しています。入所する子どもの家庭的背景は、親の死亡や疾患、養育拒否・虐待などとされ、2022年3月時点で全国に610か所設置され、2万3,008人の児童らが生活しています。こども家庭庁によれば、2018年2月時点で入所児童のうち、虐待を受けた子どもは65.6％（2013年は59.5％）、何らかの障害のある子どもは36.7％（2013年は28.5％）と増加しており、専門的なケアを必要とするケースが増えていることがみてとれます。また、できる限り家庭的な環境を提供できるよう、施設のケア単位の小規模化が推進されています。

（7）児童心理治療施設

児童心理治療施設は、家庭環境、学校における交友関係その他の環境上の理由により社会生活への適応が困難となつた児童を、短期間、入所させ、又は保護者の下から通わせて、社会生活に適応するために必要な心理に関する治療及び生活指導を主として行い、あわせて退所した者について相談その他の援助を行うことを目的とする施設とする。　　　（児童福祉法第43条の2）

〔主な職員（専門職名）〕医師、心理療法担当職員、看護師、児童指導員、保育士、家庭支援専門相談員、個別対応職員、栄養士、調理員（委託可）

　児童心理治療施設は、心理的・精神的な問題を抱え生活に支障をきたしている子どもを対象として設置され、何らかの障害等がある児童は入所児童全体の85.7％（2018年）、虐待経験のある児童は78.1％（同年）にのぼっています。生活支援を基盤としながら、学校教育との連携の下で総合的な心理治療がされるほか、仲間作りや集団生活が苦手で主体的になれない子どもに対し、生活や遊び・行事を通じて主体性を取り戻す支援がなされています。

（8）児童自立支援施設

児童自立支援施設は、不良行為をなし、又はなすおそれのある児童及び家庭環境その他の環境上の理由により生活指導等を要する児童を入所させ、又は保護者の下から通わせて、個々の児童の状況に応じて必要な指導を行い、その自立を支援し、あわせて退所した者について相談その他の援助を行うことを目的とする施設とする。　　　（児童福祉法第44条）

〔主な職員（専門職名）〕児童自立支援専門員、児童生活支援員、嘱託医及び精神科医師（嘱託可）、個別対応職員、家庭支援専門、相談員、栄養士、調理員（委託可）、心理療法担当職員、職業指導員

　子どもの行動上の問題、特に非行問題を中心に対応する児童自立支援施設は、1997年の児童福祉法改正により「教護院」から名称変更され、「家庭環境その他の環境上の理由によ

り生活指導等を要する児童」もその対象に加えられました。家庭環境の調整・地域支援・アフターケアなどの機能の充実が図られるとともに、児童養護施設等の施設において対応の難しくなった子どもの措置変更先としての役割も担っています。

（9）児童家庭支援センター

児童家庭支援センターは、地域の児童の福祉に関する各般の問題につき、児童に関する家庭その他からの相談のうち、専門的な知識及び技術を必要とするものに応じ、必要な助言を行うとともに、市町村の求めに応じ、技術的助言その他必要な援助を行うほか、第26条第1項第2号及び第27条第1項第2号の規定による指導を行い、あわせて児童相談所、児童福祉施設等との連絡調整その他内閣府令の定める援助を総合的に行うことを目的とする施設とする。　　　　（児童福祉法第44条の2）

〔主な職員（専門職名）〕支援を担当する職員

児童家庭支援センターは、全ての年齢層の子どもの相談に対応する施設で、子育ての悩みをはじめ、不登校やいじめ、学業・家庭内不和など様々なことを相談することができます。また2011年の「児童家庭支援センター設置運営要綱」の改正により、里親やファミリーホームからの相談に応じるとともに、必要な支援が実施されています。

（10）母子生活支援施設

母子生活支援施設は、配偶者のない女子又はこれに準ずる事情にある女子及びその者の監護すべき児童を入所させて、これらの者を保護するとともに、これらの者の自立の促進のためにその生活を支援し、あわせて退所した者について相談その他の援助を行うことを目的とする施設とする。（児童福祉法第38条）

〔主な職員（専門職名）〕母子支援員、心理療法担当職員、少年を指導する職員、嘱託医、個別対応職員、調理員

母子生活支援施設は、従来は生活に困窮する母子家庭に対し、住む場所を提供する施設でしたが、1997年の児童福祉法改正により、施設目的に「入所者の自立の促進のためにその生活を支援すること」が追加されました。厚労省2018年の調査では、DV被害者が入所者の50％を占め、虐待を受けた児童は入所児童の57.7％にのぼっています。母子生活支援施設は「母子が一緒に生活しつつ共に支援を受けることができる唯一の児童福祉施設」という特性を生かし、保護と自立支援の機能充実が求められています。

（11）障害児入所施設

障害児入所施設は、次の各号に掲げる区分に応じ、障害児を入所させて、当該各号に定める支援を行うことを目的とする施設とする。
一　福祉型障害児入所施設　保護、日常生活の指導及び独立自活に必要な知識技能の付与
二　医療型障害児入所施設　保護、日常生活の指導、独立自活に必要な知識技能の付与及び治療　　　（児童福祉法第42条）

〔主な職員（専門職名）〕福祉型障害児入所施設：嘱託医（障害別の診療科）、児童指導員、保育士、栄養士、調理員、児童発達支援管理責任者、職業指導員、心理指導担当職員、医師、看護師（自閉症児を入所させる場合）／医療型障害児入所施設：医師法に規定する病院として必要とされる職員、児童指導員、保育士、理学療法士または作業療法士、職業指導員、医師・心理指導担当職員（重症心身障害児の場合）、児童発達支援管理責任者

障害児入所施設では、何らかの理由で保護者と暮らすことのできない障害のある子どもを受け入れ、入所によりそれぞれの障害に応じた支援が提供されています。まず福祉型障害児入所施設では、食事・排せつ等の介護とともに日常生活能力の維持・向上のための訓練など

が実施されています。また医療型障害児入所施設では、疾病の治療・看護とともに医学的管理下における食事・排せつ等の介護、日常生活上の相談支援、助言などが行われています。

（12）児童発達支援センター

児童発達支援センターは、次の各号に掲げる区分に応じ、障害児を日々保護者の下から通わせて、当該各号に定める支援を提供することを目的とする施設とする。
一　福祉型児童発達支援センター　日常生活における基本的動作の指導、独立自活に必要な知識技能の付与又は集団生活への適応のための訓練
二　医療型児童発達支援センター　日常生活における基本的動作の指導、独立自活に必要な知識技能の付与又は集団生活への適応のための訓練及び治療
（児童福祉法第 43 条）

〔主な職員（専門職名）〕福祉型児童発達支援センター：嘱託医（精神科・小児科）、児童指導員保育士、栄養士、調理員、児童発達支援管理責任者、機能訓練担当職員、看護職員、言語聴覚士（主たる対象が難聴児の場合）／医療型児童発達支援センター：医療法に規定する診療所として必要な職員、児童指導員、保育士、看護師、理学療法士または作業療法士、児童発達支援管理責任者

　児童発達支援センターは、障害のある乳幼児を対象とする通所施設で、福祉サービスを行う「福祉型」と福祉サービスに併せて治療を行う「医療型」があります。まず「福祉型」では、日常生活における基本的な動作の指導等を行う児童発達支援、授業の終了後または休業日に通所により生活能力の向上のための訓練等を行う放課後等デイサービス、保育所などを訪問し専門的な支援を行う保育所等訪問支援が実施されています。「医療型」では上肢・下肢、または体幹の機能に障害のある児童に対する児童発達支援及び治療を行う医療型児童発達支援が実施されています。なお児童福祉法の改正により、2024 年 4 月から児童発達支援センターは「福祉型」「医療型」の区別がなくなることとなりました。

第 7 章

【ワーク①】調べて書いてみよう！

あなたの地域にある児童福祉施設を 1 つ選び、〔調べポイント〕を参考にして調べてみましょう。

〔調べポイント〕
　（1）施設の名称・施設を運営する法人名・所在地　（2）施設区分（施設の種類）
　（3）施設運営の根拠となる法律　（4）施設が掲げている理念や方針
　（5）専門職の種類やその人数　（6）施設が提供しているサービスの内容

第2節　子ども家庭福祉を支える専門職

相談援助機関・児童福祉施設の専門職

　児童福祉サービスの供給主体は行政や社会福祉法人などですが、子どもや親に対する相談や助言、心理的なケアを担うのは子ども家庭福祉の専門職です。また児童福祉施設では、生活支援を基盤としたきめ細かなケアが日々推進されています。子ども家庭福祉の実践では、子どもや親が孤立した状況とならないよう、必要な時に支援につなげられる体制が必要で、相談支援の専門職や実践者の業務内容を理解しておくことが大切です（p.76 **表7-2** 参照）。

（1）相談援助機関の専門職
①児童福祉司

　児童福祉司は、児童相談所における相談支援の中心的役割を果たす職種であり、児童福祉法第13条に配置が義務付けられています。児童相談所運営指針には主な職務内容として、①子どもや保護者等からの相談に応じること、②必要な調査、社会診断（子どもや保護者等の置かれている環境、問題と環境の関連、社会資源の活用の可能性等からいかなる援助が必要であるかを判断する）を行うこと、③子ども、保護者、関係者等に必要な支援・指導を行うこと、④子ども、保護者等の関係調整（家族療法など）の4項目が明記されています。

②児童心理司

　児童心理司は、児童福祉法第12条の3第6項において「心理に関する専門的な知識及び技術を必要とする指導をつかさどる所員」と規定されており、児童福祉司とともに児童相談所の中核的な位置にあります。主な職務内容は、①子ども・保護者等の相談に応じ、診断面接、心理検査、観察等によって心理診断を行うこと、②子ども・保護者・関係者等に心理療法、カウンセリング、助言指導等を行うことです。被虐待児の支援では、子どもの発達や心理状況を細かく把握する必要があり、そうした意味においても児童心理司の役割は重要です。

③家庭相談員、母子・父子自立支援員

　家庭相談員は、福祉事務所内に設置されている家庭児童相談室に配属され、専門的技術を要する相談指導を担っています。また母子・父子自立支援員も同じく福祉事務所に配置され、配偶者のない者で児童を扶養している者及び寡婦からの相談に応じ、その自立に必要な情報提供及び指導、職業能力の向上、求職活動に関する支援を主な業務としています。

(2) 児童福祉施設の専門職

①児童指導員

児童指導員は児童養護施設、児童心理治療施設、障害児入所施設など多くの児童福祉施設に配置され、児童の育成と自立支援を目的とした直接的ケア（生活指導・学習指導・職業指導・家庭環境の調整を含む養育等）の中心的役割を担っています。また自立支援にかかわる計画の作成や、学校・児童相談所など関係機関との連絡調整も重要な役割とされています。

②保育士

保育士は児童福祉法第18条の4に規定される国家資格です。「専門的知識及び技術をもつて、児童の保育及び保護者に対する保育に関する指導を行うことを業とする者」と規定され、児童の直接的ケアに従事しています。保育士はほとんどの児童福祉施設に配置されるとともに、地域における子育て支援にもその専門性の発揮が期待されています。

③心理療法担当職員

心理療法担当職員は、虐待が原因で心理的ケアが必要な子どもたちや、夫等からの暴力による心的外傷を負っている母子に対し、面接や心理療法（カウンセリングや遊戯療法など）を行います。これにより心理的な困難を改善するとともに、安心感・安全感の再形成及び人間関係の修正等を図りながら対象児童等の自立を支援しています。

④児童自立支援専門員・児童生活支援員

児童自立支援専門員・児童生活支援員は、児童自立支援施設に配置され、生活指導の中心を担っています。児童自立支援専門員は児童生活支援員と協力して、自立支援計画を策定するほか、子どもの生活指導・職業指導、学科指導、家庭環境調整などに取り組み、子どもが適性に応じ、自立した社会人としての生活を送ることができるよう支援しています。

⑤家庭支援専門相談員

家庭支援専門相談員はファミリーソーシャルワーカーとも呼ばれ、虐待など家庭環境上の理由により入所している児童の保護者に対し、児童相談所との連携をもとに、児童の早期家庭復帰・里親委託などを可能にするための支援を行っています。具体的には、家庭訪問や退所後の児童に対する継続的な援助、地域の子育て家庭への相談支援等が行われています。

表 7-2　児童福祉の仕事に携わる専門職の職種と資格

専門職名	資格
児童福祉司	次の各号いずれかに該当する者：①指定養成学校等卒業者、指定講習会の課程修了者　②大学で心理学、教育学、社会学を専修する学科（相当課程を含む）を修めて卒業した者で、1 年以上児童その他の者の福祉に関する相談に応じ、助言、指導等の業務従事者　③医師　④社会福祉士　⑤精神保健福祉士　⑥公認心理師　⑦社会福祉主事として 2 年以上相談援助業務に従事し、内閣総理大臣が定める講習会の課程を修了した者等　　　　　　　　　（児童福祉法第 13 条 3 項）
児童心理司	次の各号いずれかに該当する者：①医師であつて、精神保健に関して学識経験を有する者　若しくはこれに準ずる資格を有する者　②大学で心理学を専修する学科又はこれに相当する課程を修めて卒業した者　若しくはこれに準ずる資格を有する者又は公認心理士　　　　　　　　　　　　　　　　　（児童福祉法第 12 条の 3 第 6 項 1）
家庭相談員	人格円満で社会的信望があり、健康で家庭児童福祉の増進に熱意をもつ者で、①大学で児童福祉、児童学、心理学、教育学若しくは社会学を専修する学科又はこれらに相当する課程を修めて卒業した者　②医師　③社会福祉主事として、2 年以上児童福祉事業に従事した者等（厚生事務次官通達「家庭児童相談室の設置運営について」第 6 の 2）
母子・父子自立支援員	社会的信望があり、かつ、規定する職務を行うに必要な熱意と識見を持っている者（母子及び父子並びに寡婦福祉法第 8 条）
児童指導員	次の各号いずれかに該当する者：①児童福祉施設職員養成学校等の卒業者　②社会福祉士資格保有者　③精神保健福祉士資格保有者　④大学で社会福祉学、心理学、教育学、社会学を専修する学科（相当課程を含む）を修めて卒業した者　⑤大学で学科に関する科目の単位を優秀な成績で修得したことにより大学院入学を認められた者　⑥大学院で社会福祉学、心理学、教育学、社会学を専修する研究科（相当課程を含む）を修めて卒業した者　⑨幼稚園、小・中・高等・中等教育学校の教諭となる資格を有する者　　　（児童福祉施設の設備及び運営に関する基準第 43 条）
保育士	次の各号いずれかに該当する者：①都道府県知事の指定する保育士を養成する学校その他の施設を卒業した者（学校教育法に基づく専門職大学の前期課程を修了した者を含む）　②保育士試験に合格した者　　　（児童福祉法第 18 条の 6）
心理療法担当職員	学校教育法の規定による大学（短期大学を除く）若しくは大学院において心理学を専修する学科、研究科若しくはこれに相当する課程を修めて卒業した者で、個人及び集団心理療法の技術を有するもの又はこれと同等以上の能力を有すると認められる者　　　　　　　　　　　　（児童福祉施設の設備及び運営に関する基準第 42 条第 4 項）
児童自立支援専門員	次の各号いずれかに該当する者：①精神保健に関して学識経験を持つ医師　③児童自立支援専門員養成学校等の卒業者　④大学で社会福祉学、心理学、教育学、社会学を専修する学科（相当課程を含む）の卒業者　　　　　　　　　　　　　（児童福祉施設の設備及び運営に関する基準第 82 条）
家庭支援専門相談員	いずれかに該当する者：①社会福祉士若しくは精神保健福祉士の資格を有する者　②乳児院において乳幼児の養育に 5 年以上従事した者等　　　　　　　　　　　　　（児童福祉施設の設備及び運営に関する基準第 21 条の 2）

出典：筆者作成（引用元については枠内に表記）

【ワーク②】調べて書いてみよう！

保育士の仕事をめぐる現状と課題について、下記の〔調べポイント〕から 2～3 個選んで書いてみよう。

〔調べポイント〕
　（1）保育士の業務内容や専門職としての役割
　（2）保育士の仕事を取り巻く現状（環境）と課題
　（3）課題解決に向けて取り組まれていること
　（4）自分の考え、他の受講生と意見交換して気づいたこと

【参考文献】

澁谷昌史・加藤洋子編著『子ども家庭福祉』（乳幼児教育・保育シリーズ）光生館、2019 年

佐久間美智雄・坂本健編著『実践に活かす子ども家庭福祉』（シリーズ・保育の基礎を学ぶ 2）ミネルヴァ書房、2021 年

「社会的養育の推進に向けて（PDF）」（令和 5 年 4 月 5 日）こども家庭庁支援局家庭福祉課

『国民の福祉と介護の動向 2022/2023』第 69 巻 10 号、一般財団法人厚生労働統計協会、2022 年

［末松惠］

第**8**章

少子化・子育て支援施策

第1節　これまでの少子化・子育て支援施策

1 ≫≫≫ 少子化対策とは

　少子高齢化は日本の大きな問題の1つです。政府は少子化に歯止めをかけるために、さまざまな子育て支援施策を行ってきました。少子化対策は次のように定義されています。

　「少子化対策は、仕事と子育ての両立の負担感や子育ての負担感を緩和・除去し、安心して子育てができるような様々な環境整備を進め、家庭や子育てに夢や希望を持つことができる社会にしようとするもの。」（厚生労働省1999年12月「少子化対策推進基本方針（要旨）」）。

　日本の0歳から14歳の子どもの数が減少してきたのは、1950年以降の出生児数の低下の頃からですが、当時は本格的な少子化対策は行われませんでした。その後1990年の1.57ショックがきっかけとなり、本格的な少子化対策が始まりました。1.57ショックとは、前年1989年の合計特殊出生率が1.57となり、それまでの過去最低であった1966年（＝丙午の年）の合計特殊出生率1.58を下回ったことを意味します。

　この節では、これまでの日本の少子化・子育て支援施策について見ていきます。**表8-1**は、1990年代からはじまった日本の主な少子化対策の政策を示したものです。

表8-1　日本の主な少子化・子育て支援対策における6つの総合政策パッケージ

1995～1999年度	エンゼルプラン（文・厚・労・建の4大臣合意）
2000～2004年度	新エンゼルプラン（大蔵・文・厚・労・建・自の6大臣合意）
2005～2009年度	子ども・子育て応援プラン（第1次少子化社会対策大綱） ※ 2003年に少子化社会対策基本法が成立。以後「少子化社会対策大綱」と位置づけられる。
2010～2014年度	子ども・子育てビジョン　（第2次少子化社会対策大綱）
2015～2019年度	第3次少子化社会対策大綱
2020～2024年度	第4次少子化社会対策大綱

出典：宇泉（2022）をもとに筆者作成

2 ≫≫≫ 少子化対策の始まり

　図8-1は、日本の少子化・子育て対策に関連する取り組みを時系列に示しています。

図8-1　日本の少子化対策の流れ

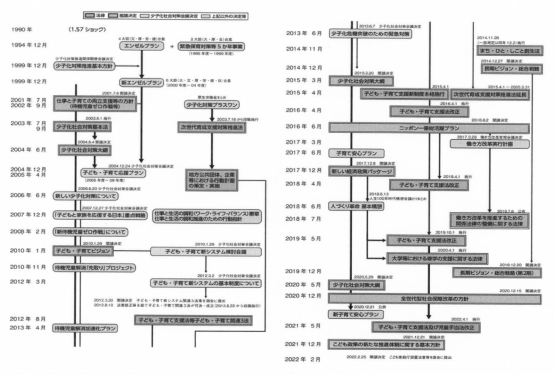

出典：こども家庭庁 Web「令和4年版　少子化対策白書」『少子化社会対策白書（こども家庭庁設立前）』

（1）エンゼルプラン（1994年12月策定、1995〜1999年度）

　1994年12月、今後10年間に取り組むべき基本的方向と重点施策を定めた「今後の子育て支援のための施策の基本的方向について」（エンゼルプラン）が策定されました（文部省、厚生省、労働省、建設省の4大臣合意）。エンゼルプランは、1.57ショックがきっかけとなり政府が本格的に取り組んだ最初の少子化対策であり、仕事と子育ての両立支援など子どもを産み育てやすい環境づくりに向けての対策でした。

　このプランを実施するために「緊急保育対策等5か年事業」（大蔵省、厚生省、自治省の3大臣合意）が策定され、1999年度を目標年次として保育の量的拡大や低年齢児（0〜2歳児）保育、延長保育等の多様な保育の充実、地域子育て支援センターの整備等が進められることとなりました。

（2）新エンゼルプラン（1999年12月策定、2000〜2004年度）

　エンゼルプランと緊急保育対策等5か年事業を見直し、1999年12月に「重点的に推進すべき少子化対策の具体的実施計画について」（新エンゼルプラン）が策定されました（大蔵省、

文部省、厚生省、労働省、建設省、自治省の6大臣合意）。新エンゼルプランは、1999年の「少子化対策推進基本方針」の重点施策の具体的実施計画です。目標値の項目には、エンゼルプランの項目であった保育関係に加え、雇用、母子保健、相談、教育等の事業など幅広い内容が含まれました。しかしながらこれらの取り組みにも関わらず、2005年の合計特殊出生率は1.26と過去最低を記録しました。

3»»» 少子化社会対策基本法と子ども・子育て応援プラン

　少子化社会における施策の基本理念を明らかにし、少子化に的確に対処するための施策を総合的に推進するための法律として、2003年7月に「少子化社会対策基本法」（平成15年法律第133号）が制定されました（同年9月施行）。そして、同法に基づき内閣府に「少子化社会対策会議」が設置されました。同法では、少子化に対処するための施策指針としての大綱の策定を政府に義務付け、2004年6月に「少子化社会対策大綱」が閣議決定されました。

　少子化社会対策大綱では、子どもが健康に育つ社会、子どもを産み育てることに喜びを感じることのできる社会を目指して、少子化の流れを変えるための施策に集中的に取り組むことを課題としていました。そのための施策として「3つの視点」と「4つの重点課題」、「重点課題に取り組むための28の行動」を提示しました。具体的実施計画として、「少子化社会対策大綱に基づく重点施策の具体的実施計画について」（子ども・子育て応援プラン）が2004年12月に策定されました。ここでは、国が地方公共団体や企業等とともに計画的に取り組む必要がある事項について、2005年度から2009年度までに行う具体的な施策内容と目標を掲げました。

4»»» 新たな子育て支援制度の検討

（1）子ども・子育てビジョン（第2次少子化社会対策大綱）

　少子化社会対策大綱は定期的に進捗状況の点検・評価を行い、5年ごとに見直されます。第1次大綱の見直しにより、2010年に第2次少子化対策大綱（子ども・子育てビジョン）が策定されました（2010年1月～2015年3月）。

　この大綱は社会全体で子育てを支え、個々人の希望がかなう社会の実現を基本理念とし、子育て支援の方向性を示す総合的なビジョンを示しました。子ども・子育て支援施策を行っていく際の3つの大切な姿勢として、①生命（いのち）と育ちを大切にする、②困っている

声に応える、③生活（くらし）を支えるを示しました。これらを踏まえ、「目指すべき社会への政策4本柱」と「12の主要施策」に従って、具体的な取組を進めることとされました。

4本の柱とは、①子どもの育ちを支え、若者が安心して成長できる社会、②妊娠、出産、子育ての希望が実現できる社会、③多様なネットワークで子育て力のある地域社会、④男性も女性も仕事と生活が調和する社会（ワーク・ライフ・バランスの実現）です。この大綱では、施策ごとの数値目標が初めて示されました。

（2）子ども・子育て関連3法と子ども・子育て支援新制度

政府は、子ども・子育てビジョンの閣議決定に合わせて、新たな子育て支援制度の検討を始めました。そして2012年に、子ども・子育て関連3法（子ども・子育て支援法、認定こども園法の一部改正法、子ども・子育て支援法及び認定こども園法の一部改正法の施行に伴う関係法律の整備等に関する法律）が成立します。これは「子育ては、保護者に第一義的責任がある」という考えを基本に、幼児教育・保育、地域の子ども・子育て支援を総合的に推進するための法令です。2014年度には、待機児童が多い市町村等において「保育緊急確保事業」が行われました。これは消費税率8％への引き上げによる財源を活用したものです。2015年には子ども・子育て関連3法に基づき、子ども・子育て支援新制度が施行されました。この制度では、認定こども園・幼稚園・保育所を通じた共通の給付と小規模保育等への給付の創設、認定こども園制度の改善、地域の実情に応じた子ども・子育て支援の充実などが行われています。

（3）第3次少子化社会対策大綱

その後、新たな大綱として、2015年に第3次少子化社会対策大綱が閣議決定されました。この第3次大綱では新たに結婚の支援が加わり、子育て支援策の一層の充実、若い年齢での結婚・出産の希望の実現、多子世帯への一層の配慮、男女の働き方改革、地域の実情に即した取組強化の5つの重点課題が設けられました。さらに長期的視点に立って、きめ細かな少子化対策を総合的に推進することとされました。

第2節　現在までの少子化対策

1 ≫≫ 第4次少子化社会対策大綱

2020年度に第4次少子化社会対策大綱が、2024年度までを実施期間として策定されま

した。第4次少子化社会対策大綱は、「こども基本法」が2023年4月に施行されたため、少子化対策も他の子ども関連施策と統合されて、新たな大綱であるこども大綱に含まれることになりました。**図8-2**は、これまでの少子化対策と合計特殊出生率の推移を示しています。

図8-2　日本の少子化対策・その重点課題と統計特殊出生率の推移

出典：守泉理恵「第4次少子化社会対策大綱と日本の少子化対策の到達点」『日中韓における少子高齢化の実態と対応に関する研究』p.52

2»»» こども家庭庁の創設とこども基本法

日本はこれまで子どもに関する様々な施策の充実に取り組んできましたが、少子化の進行に歯止めをかけることができていません。さらに新型コロナウイルスの感染拡大がもたらした「コロナ禍」により、児童虐待相談や不登校の件数が過去最多になるなど、子どもを取り巻く状況は深刻となっています。そこで2023年1月、岸田文雄（1957〜）首相は、①児童手当などの経済的支援強化、②幼児教育や保育などのサービス拡充、③働き方改革が3本柱となる「異次元の少子化対策」を掲げました。政府は子ども施策を社会全体で総合的かつ強力に推進していくために検討を行い、2022年「こども基本法」が成立しました（2023年4月施行）。そして2023年4月、少子化対策や子どもに関わる政策を一元的に扱う「こども家庭庁」が創設されました。

こども基本法は、日本国憲法及び児童の権利に関する条約の精神にのっとり、全ての子どもが将来にわたって幸福な生活を送ることができる社会の実現を目指し、子ども政策を総合

的に推進することを目的としています。同法は子ども施策の基本理念のほか、こども大綱の策定や子ども等の意見の反映などについて定めています。

3≫≫≫ こども大綱

　政府はこども基本法に基づき、こども政策の基本的な方針や重要事項を定めるこども大綱の策定を推進しています（2023年現在）。こども大綱は従来の「少子化社会対策大綱」「子供・若者育成支援推進大綱」及び「子供の貧困対策に関する大綱」を束ね、一元化するとともに、さらに必要なこども施策を盛り込むことで、これまで以上に総合的かつ一体的に子ども施策を進めるための大綱です。検討は子どもや若者、子育て当事者、学識経験者、地域において子どもに関する支援を行う民間団体等の関係者の意見を聴き、それらを反映させながら進められています（本書第14章、第15章参照）。

【ワーク①】調べて書いてみよう！

身近な地域の少子化・子育て支援対策に関連する制度や施設などについて調べてみよう。
調べた地域名（　　　　　　　　　　　　　　　　　　　　　　　　）

第3節　世界の少子化対策

1≫≫≫ 諸外国の少子化の現状

　世界の主要国においても少子高齢化の進行は、大きな課題となっています。**図8-3**（次頁）は、諸外国の合計特殊出生率の推移を示したものです。1960年代まで2.0以上の水準だった諸外国の合計特殊出生率は、1970年頃から1980年頃にかけて全体的に下降しています。その後の少子化対策が功を奏した一部の国々では、1990年頃から合計特殊出生率の回復がみられました。しかしそれらの国々も、2010年頃から再び下降傾向がみられています。

図8-3　欧米諸国と日本の合計特殊出生率の推移

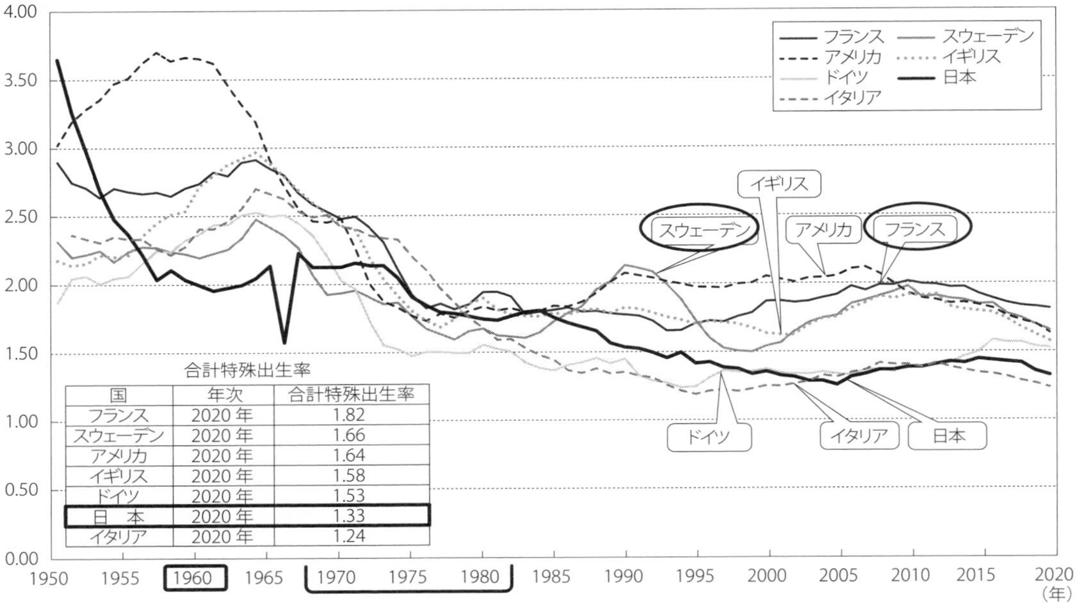

合計特殊出生率		
国	年次	合計特殊出生率
フランス	2020 年	1.82
スウェーデン	2020 年	1.66
アメリカ	2020 年	1.64
イギリス	2020 年	1.58
ドイツ	2020 年	1.53
日　本	2020 年	1.33
イタリア	2020 年	1.24

資料：諸外国の数値は1959 年までUnited Nations "Demographic Yearbook" 等、1960～2019年はOECD Family Database、2020年は各国統計、日本の数値は厚生労働省「人口動態統計」を基に作成。
注：2020年のフランス、アメリカの数値は暫定値となっている。

出典：こども家庭庁 Web「令和４年版　少子化対策白書」『少子化社会対策白書（こども家庭庁設立前）』に著者加筆

2≫≫≫ フランスの少子化対策

　フランスはスウェーデンとともに、少子化対策に成功した国の１つです。ここではフランスの少子化対策についてみていきます（**図8-4**）。フランスは経済的支援により、欧米の主要国の中でも最も手厚い子育てを行っています。以前は家族手当等の経済的支援が中心でしたが、1990 年代以降は「両立支援」政策を推進し、合計特殊出生率を回復してきました。様々な種類の家族給付や充実した育児休業制度によって、仕事と家族生活を両立させる上での多くの選択肢を設けています。

　児童関係の手当は様々な種類があり、子どもの数が増えるほど増額となる仕組みになっています。また税制には、子どもが多い世帯ほど有利となるＮ分Ｎ乗課税方式を採用しています。育児休業は子どもが３歳に達するまでの間、全日の休暇、あるいはパートタイム労働への移行を選択することができ、休暇中は賃金補助を受けることができます。保育サービスの利用者の約７割が、家庭的保育である認定保育ママを利用していることが特徴です。

　多子家庭や乳幼児向けの給付と比較して、多子家庭を望まない人々への支援や、青少年期の子どもへの給付等の支援が少ないことが課題となっています。

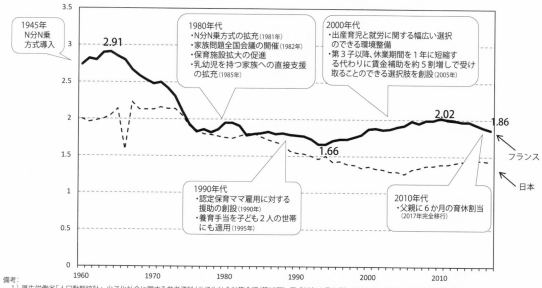

図8-4　フランスが行なった少子化対策

備考：
1）厚生労働省「人口動態統計」、少子化社会に関する参考資料（少子化社会対策会議（第13回）、平成25年6月7日）、OECD "Family database" をもとに作成。
2）N分N乗方式：所得税について、世帯の所得を世帯構成人数で除した金額に税率を乗じ、再び世帯構成人数を乗じる方式。子どもの多い世帯ほど、税負担が軽減。
3）認定保育ママ：県において職業教育を受けた後、母子保護センターで認定された保育ママが、自身の自宅か乳幼児の自宅で保育サービスを行う仕組み。

出典：内閣府ホームページ「参考資料③」（2020年4月）をもとに筆者作成

3»»» アジア諸国の少子化問題

　日本の2022年の合計特殊出生率は、前年から0.05ポイント下がって「1.26」となり、これまでで最も低かった2005年と並ぶ過去最低となりました（厚生労働省）。日本同様にアジア諸国においても、少子高齢化は深刻な問題となっています。特に日本以外のアジア諸国は社会保障対策の歴史が浅く、その一方で少子高齢化が急速に進んでおり、今後の対策が急務となっています。

　例えば韓国の2022年の合計特殊出生率は、1970年以降で過去最低の0.78となりました。これはOECD加盟国の中でも最下位であり、その対策が課題となっています。韓国では少子化対策が遅れ、2003年にようやく「低出産・高齢社会委員会」が発足し、低出産・高齢社会基本計画を5年ごとに策定しています。しかし出生率低下の傾向は変わらず、「第4次低出産・高齢社会基本計画」（2021～2025年）では出生率を上げるのではなく、国民の人生の質を上げようという方向に政策を切り替え、教育費の援助や就職支援などに力を入れています。具体的には、①児童・20～40代・引退世代の生活の質の向上、②平等な職場・家庭の男女平等実現、③人口変化への備えを主な政策方針としました。2020年までのアジア諸国の合計特殊出生率の推移を示すグラフ（図8-5）を次頁に示します。

図 8-5　アジア諸国の合計特殊出生率の推移

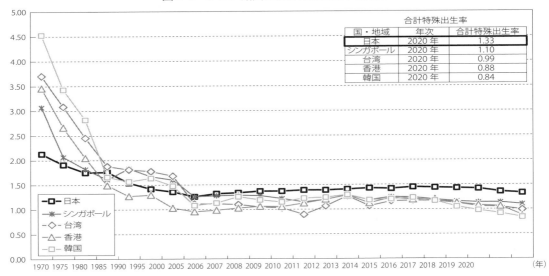

合計特殊出生率		
国・地域	年次	合計特殊出生率
日本	2020 年	1.33
シンガポール	2020 年	1.10
台湾	2020 年	0.99
香港	2020 年	0.88
韓国	2020 年	0.84

資料：各国・地域統計、日本は厚生労働省「人口動態統計」を基に作成。
注：香港の1970 年は1971 年、台湾の1970年は1971 年、1975年は1976 年、1980 年は1981 年の数値。

出典：こども家庭庁 Web「令和４年版　少子化対策白書」『少子化社会対策白書（こども家庭庁設立前）』

【ワーク②】調べて書いてみよう！

フランス以外の外国（例えば、スウェーデン、フィンランドなど）の保育制度や子育て
支援について調べてみましょう。

【参考文献】

厚生労働科学研究成果データベース：守泉理恵「第４次少子化社会対策大綱と日本の少子化対策の到達点」『日中韓における少子高齢化の実態と対応に関する研究』p.52

こども家庭庁 Web「令和４年版　少子化対策白書」『少子化社会対策白書（こども家庭庁設立前）』

内閣府ホームページ「参考資料③」（2020 年４月）内閣府政策統括官（経済社会システム担当）

野澤純子「第 15 章　世界の児童福祉」林邦雄・谷田貝公昭監修、高玉和子編著『児童家庭福祉論』（保育者養成シリーズ）一藝社、2010 年、pp.203-218

野澤純子「第 14 章　諸外国の社会福祉」髙玉和子・和田上貴昭編著『これから学ぶ・理解する社会福祉』一藝社、2023 年、pp.137-146

[野澤純子]

第**9**章

母子保健と子どもの健全育成

第1節　母子保健

1 ≫≫≫ 母子保健とは

　母子保健とは、子どもだけでなく、母親の健康の維持・増進を図ることを目的にしている一連の保健支援のことを言います。そのため、胎児期から思春期の子ども、そして妊娠期から子育て期・更年期の母親が対象となり、一貫性・連続性のある保健サービスとなっています。母子保健は、新生児および妊産婦の死亡率を下げることに取り組み、その後、乳児死亡率は世界的に見ても低くなり、妊産婦の死亡率も改善されました。そして、時代の移り変わりとともに、母子保健の目的も変化していきました。母子の健康保持・増進、母性の保護と尊重が図られるために、1965年に児童福祉法から独立して、母子保健の核となる「母子保健法」が制定されました。また2016年に、母子保健法が改正され、乳幼児の虐待予防・早期発見につながることが明記されました。このように、子どもの健康・健やかな成長を守るだけでなく、母親の健康・母性の尊重も守るのが母子保健なのです。そして2023年に「こどもまんなか」をテーマに、こども家庭庁が設置されました。母子の健康を守り、すべての子どもが健やかに育つ社会の実現を目指し、母子保健も厚生労働省から移管されました。

2 ≫≫≫ 母子保健施策

（1）健康診査等

　母親の思春期から出産、子どもの乳児期から学童期と、母子保健対策の一貫した体系は、図9-1のようになります。

①妊産婦健康診査

　妊娠している女性は、母体および胎児の健康状況等の健康診査を受けることができます。原則として14回程度を無料で受けられますが、市町村の自治事業のため、自治体によって異なる場合もあります。主に、病院・診療所・助産所等の医療機関で受けることができます。

②乳幼児健康診査

　乳幼児の病気予防と早期発見、健康の保持・増進のために行われています。母子保健法により、1歳6か月児と3歳児の健康診査実施は市町村に義務付けられています。その他、市町村によって1か月、3（あるいは4）か月に健康診査がある自治体もあります。乳幼児の健康を確認するのが主な目的ですが、心理相談員や保育士が加わり、子育ての悩みや不安

を聴く育児相談を行うこともあります。

図9-1　母子保健対策の体系

(2022(令和4)年4月現在)

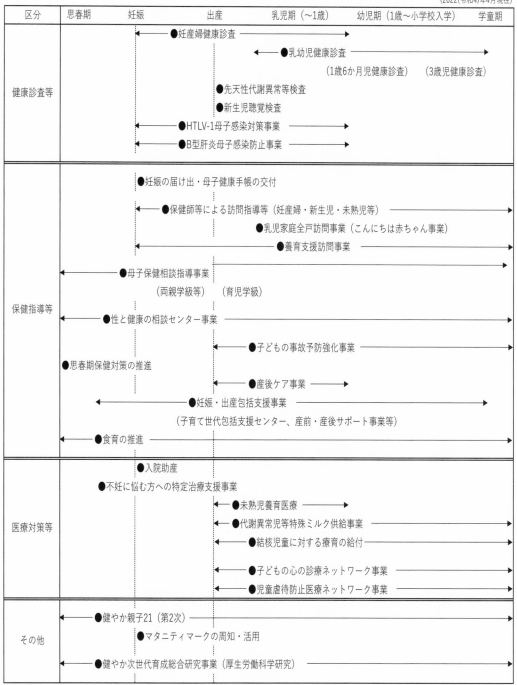

出典：厚生労働省ホームページ「令和5年版厚生労働白書　資料編」

③先天性代謝異常等検査

先天性、つまり生まれつきの代謝異常や甲状腺機能低下症について検査します。新生児を対象とし、血液や尿を用いてマススクリーニング検査が行われます。早期発見・治療を行い、障害の発生防止につなげることが目的です。

④その他

聴覚障害の早期発見・療育を図り、おおむね生後3日以内に聴覚を検査する「新生児聴覚検査」、HTLV-1（ヒトT細胞白血病ウイルス1型）、B型肝炎の抗体検査・防止対策が行われる「HTLV-1母子感染対策事業」「B型肝炎母子感染防止事業」も実施されています。

（2）保健指導等

①妊娠の届け出・母子健康手帳の交付

妊娠の診断を受けたら、市町村に妊娠届を提出します。それに対して、市町村から「母子健康手帳」が交付されます。母子健康手帳は、妊娠から出産までの母子、続いて出産から就学までの子どもの一貫した健康記録になります。予防接種状況を記したり、妊娠中の注意点等、保健・育児に関する事項が記載されています。

②保健師等による訪問指導等（乳児家庭全戸訪問事業・養育支援訪問事業等）

妊産婦、新生児を対象として、医師・助産師・保健師等が家庭を訪問して保健指導をし、未熟児（低出生体重児）のいる家庭に対しては助言を行います。保健衛生面の指導だけでなく、日常生活全般にわたる指導が行われています。

「乳児家庭全戸訪問事業」（通称、こんにちは赤ちゃん事業）では、生後4か月までの乳児のいるすべての家庭を訪問し、親子の心身の状況や養育環境を確認します。子育ての不安を聴いて育児相談に応じ、子育て支援に関する情報提供を行い、子育て家庭の孤立を防止します。

さらに、産後うつや育児ノイローゼ等の問題を抱えている家庭に訪問し、育児・家事の援助、指導、助言を行う「養育支援訪問事業」や、両親学級・子育て教室と呼ばれる、集団での保健教育の支援を行う「母子保健相談指導事業」を受けることも可能です。

③性と健康の相談センター事業

性と健康の相談センター事業は、2021年まで「生涯を通じた女性の健康支援事業」と呼ばれ、女性の妊娠・出産を取り巻く様々な悩みへのサポート等を生涯に渡って実施してきました。2022年からは男女問わず、性や妊娠に関する正しい知識の普及を図り、健康管理を促すことを目的として「性と健康の相談センター事業」に変わりました。具体的な取り組みは自治体によって異なりますが、例えば東京都では「不妊・不育ホットライン」や「赤ちゃ

んを亡くされたご家族のための電話相談」といった相談窓口を開設しています。

④妊娠・出産包括支援事業・産後ケア事業

妊娠期から子育て期にかけて、切れ目のない産後ケアを提供することを目的に、2016年の母子保健法の改正で「子育て世代包括支援センター（母子健康包括支援センター）」が新設されました（2024年4月より「子育て世代包括支援センター」は「こども家庭センター」に名称変更）。妊娠・出産・子育てに関する相談や状況把握だけでなく、必要に応じて支援プランを策定したり、地域の保健医療・福祉機関と連絡調整を行ったりもしています。対象となる子どもが保育所を利用していることもあるので、日々の見守り、気づき、他職種と連携するためにも、保育者・保育所の役割は大きいです。

また、2019年の母子保健法の改正により、各市町村に「産後ケア事業」の実施が努力義務として法定化されました。育児不安や心身の不調を感じる出産後1年以内の母子に、保健指導や療養に伴う世話、育児に関する指導・相談等の援助が行われています。

⑤その他

保健指導に関することは他にも、水回りでの事故や転落事故等、防げるべき子どもの事故を親に意識啓発させるための「子どもの事故予防強化事業」や、人工妊娠中絶、性感染症等の思春期の性・健康に対する正しい知識の普及を行っている「思春期保健対策の推進」があります。また、2005年に食育基本法が制定されたことにより、妊娠中や乳幼児期から食を通じて心身の健全育成を支援する「食育の推進」も母子保健の一つです。

（3）医療対策等

①入院助産

妊産婦は経済的理由から施設分娩を受けることができない場合、申し込みをすることによって助産施設で助産を実施することができます。

②不妊に悩む方への特定治療支援事業

従来は望んでいても自然な状態で妊娠に至れず、体外受精・顕微授精といった高度な技術を必要とする不妊治療を受ける際、経済的負担が大きいという課題がありました。そこで、2022年から保険が適用されるようになりました。これまでは一部助成はされていたとはいえ、高額な医療費がかかることが懸念されていましたが、法律上婚姻している夫婦の女性が40歳未満の場合は6回まで、43歳未満の場合は3回まで保険診療を受けられるようになりました。また、不妊に関する専門的な相談や心の悩みに対して、相談対応・情報提供をしてくれる「不妊専門相談センター」も設置され、不妊治療に対するハードルが下げられてきて

いると言えます。

③未熟児養育医療

出生時の体重が 2,000g 以下であったり、呼吸・消化器系等に異常があり、身体の発育が未熟だったりする乳児を未熟児（低出生体重児）といいます。養育に必要な医療費が助成されます。

④代謝異常児等特殊ミルク供給事業・結核児童に対する療育の給付

先天性代謝異常症等の疾患がある子どもに対し、治療に必要な調合がされた " 特殊ミルク " の確保・提供を行っているのが「代謝異常児等特殊ミルク供給事業」です。対象となる子どもの生命の維持、障害の発生予防が目的です。また、長期の療養を必要とする結核を患う子どもの入院や、治療を行う「結核児童に対する療育の給付」もあります。学校教育を受けられるようにしたり、必要な学習用品や療養生活に必要な物が支給されたりしています。

⑤子どもの心の診療ネットワーク事業・児童虐待防止医療ネットワーク事業

虐待や発達障害等、様々な子どもの心の問題に対応するために、医療機関や児童相談所・保健所等の保健福祉機関と連携した支援体制をつくろうと「子どもの心の診療ネットワーク事業」が 2011 年から行われています。また、近年の児童虐待の増加に対し、地域の医療機関が児童虐待防止体制を整えるために「児童虐待防止医療ネットワーク事業」も実施されるようになりました。児童虐待の対応に関する相談への助言や対応向上のための教育研修等、児童虐待対応のネットワークを構築したり、保健医療従事者の教育を行ったりしています。

（4）健やか親子 21 と成育基本法

2001 年から始まった「健やか親子 21」は、母子の健康水準の向上のための様々な取り組みをみんなで推進する国民運動計画です。2015 年からはその結果を踏まえた「健やか親子 21（第 2 次）」がスタートし、「すべての子どもが健やかに育つ社会」の実現を目指しています。実現のための基盤課題として、「切れ目ない妊産婦・乳幼児への保健対策」「学童期・思春期から成人期に向けた保健対策」「子どもの健やかな成長を見守り育む地域づくり」の 3 つを掲げ、さらに重点課題として「育てにくさを感じる親に寄り添う支援」と「妊娠期からの児童虐待防止対策」の 2 つが掲げられています。また、前述の健やか親子 21 の取り組みの一つとして、「マタニティマーク」がつくられました。妊産婦への社会の理解と配慮を促すことが目的とされています。

さらに 2019 年に、成長過程にある子ども、その保護者、そして妊産婦に対して必要な成育医療を切れ目なく提供するために「成育基本法」が施行されました。子どもの健全な育成

は、自治体や関係機関の責務であることが明記され、教育、医療、福祉などの分野の連携が規定されました。

第2節　子どもの健全育成

1 >>> 子どもの健全育成とは

　子どもの健全育成は、すべての子どもが健やかに成長することを言います。それは、乳幼児や援助を必要とする子どもに限らず、就学した児童も特別な支援を必要としていない子どもも対象であると言えます。そして心身の健康維持・増進だけでなく、知的・社会適応能力や情操の豊かさも含めて、すべての子どもたちの成長を保障するものと言えるのです。

　また、子どもの健全育成は、遊びやレクリエーションを活かして行われることが特徴です。健全育成の場で取り組まれている遊びを通して様々なことを学び、身に付けることができます。近年、少子化、核家族化、地域との繋がりの希薄化等、子ども同士の関わりの場が減少しています。また、子どもを保育所に預けている共働き夫婦が増えていることにより、就学後の子どもの居場所の確保が難しい状況でもあります。その中で国や市町村などの地域が、子どもの健全育成をできる場として展開しています。

第9章

2 >>> 児童厚生施設

　18歳未満のすべての児童が遊びを通して、心身の健全育成活動を推進することを目的とした児童厚生施設は、大きく分けて2種類あります。屋内にある「児童館」と、屋外にある「児童遊園」です。設置主体は都道府県、指定都市、市町村、社会福祉法人等があり、地域によって設置数にばらつきがあります。施設で遊びを指導する児童厚生員に必要な資格は、保育士や幼稚園教諭も含まれています。そこでは、遊びを通じた集団的・個別的指導だけでなく、子育て家庭への相談なども行われています。また、小学生の放課後児童の育成・指導や、中高生等の育成・指導に関する事業も行われています。児童館は、小児児童館、児童センター、大型児童館の3つに区分されています。

　小型児童館は小地域を対象に、児童に健全な遊びを与え、健康増進・情操を豊かにすることが目的です。また、母親クラブ・子ども会等の地域組織活動の育成・促進も図る、子どもの健全育成のための総合的な機能を持った施設です。小学校低学年までの子どもの利用が多

く、子育て支援や放課後児童健全育成事業の拠点として活用され、地域密着型であるところが多いです。

　児童センターは小型児童館の機能に加えて、運動や遊びを通して体力増進を図ることが目的とされています。また、大型の児童センターでは、中高生に対しての育成支援も行っています。

　現在の大型児童館は、A型とB型の2種類があります。A型児童館は、小型児童館や児童センターの機能に加えて、その指導や連絡調整等を行う役割も持っています。B型児童館は、豊かな自然環境に恵まれた地域に設置され、自然を生かした遊びや活動を行うことができます。子どもが宿泊することもできる設備が整えられた施設です。

　児童遊園は、都市部の繁華街や住宅密集地等、子どもの遊び場が必要な地域に設置された屋外の児童厚生施設です。主に幼児・小学校低学年の子どもを対象としています。児童館と同様で児童に遊びを指導する者を配置しなくてはなりませんが、兼務や巡回でも可能とされています。滑り台やブランコ等の遊具や大きな広場があり、子どもが安全に遊べる場として整備されている施設です。

3 ≫≫≫ 放課後児童健全育成事業

（1）放課後児童健全育成事業とは

　放課後児童健全育成事業は、保護者が仕事等で昼間家庭にいない小学生に対して、学校の授業終了後に児童館や小学校の空き教室で、適切な遊びや生活ができるような場を用意して子どもの健全育成を図っています。地域によっては「放課後児童クラブ」や「学童保育」と呼ばれています。1997年の「児童福祉法」改正によって法定化され、2015年には「放課後児童クラブ運営方針」が新たに策定され、運営や設備についてより具体的に定められました。放課後児童支援員が配置され、その職務は、子どもの遊びや活動を通じての自主性・社会性等の成長の援助や、子どもの健康管理・安全確保等様々な役割を担っています。また、地域の実情に応じた「地域・子育て支援事業」にも、その一つとして位置づけられています。

　近年、保育所等の「待機児童問題」が社会問題として取り上げられていますが、小学生の放課後児童クラブの待機児童も問題になっています。また、障害児の受け入れ態勢を整えていくことも課題となっています。

（2）放課後子ども総合プラン

すべての小学生が対象で、学校等を活用して子どもたちの居場所を確保し、放課後や週末等に様々な体験活動・地域住民との交流活動等を支援する「放課後子ども教室」が文部科学省によって行われていました。前述の「放課後児童健全育成事業」とも似ていますが、こちらは厚生労働省が主導しており、対象は保護者が仕事等で昼間家庭にいない小学生に限られており、放課後に遊び・生活ができる場を提供するといった少し異なる事業です。このような2つの健全育成事業がある中で、就学後の子どもをもつ共働き家庭は、子どもの安全・安心な放課後等の居場所を確保しなければならない「小1の壁」にぶつかります。さらに、未来を担う人材育成のため、様々な体験・活動を行うことができるように、また、その場を与える必要がありました。そのような課題の解決に向けて、2014年に文部科学省と厚生労働省が共同し、同一の小学校等で活動できる場所を設ける一体型を中心として進めるために「放課後子ども総合プラン」が策定されました。放課後や週末に子どもに適切な遊び・生活の場を提供するだけでなく、学習支援、スポーツ・文化活動等の体験活動、地域の人々との交流ができるような活動等、様々な体験ができるようにしました。その後、女性就業率の上昇等により共働き家庭の子どもはさらに増えることが見込まれ、2018年に「新・放課後子どもプラン」が新たに策定されました。新たに開設する放課後児童クラブに関しては、約80%が小学校内で実施されています。

（3）児童健全育成の今後の課題

乳幼児期の子どもとその保護者を対象とした支援は少しずつ増えてきていますが、就学後の児童以降の支援は多くありません。放課後児童健全育成事業はありますが、子どもの居場所や保護者の就労を十分に支援するには、まだまだ不足しています。児童館も設置されている市町村も限られているのが現状です。

また、学童保育の待機児童問題から、学童を運営する主体が多様化しています。公設公営の施設が減少し、民間企業も含めた法人運営が増加しています。受け皿を広げようとする量的拡充の目的も大切ですが、障害児の受け入れや家庭基盤が脆弱で配慮が必要な子どもへの支援等もできる態勢をとるために、質の確保も必要です。子どもが健やかに成長できるような保育の質を確保するために、保育環境の整備や指導員の雇用環境の整備、健全育成に携わる人材育成・専門性の向上などが求められます。そのためにも地域での連携をさらに強め、地域全体で子どもの育ちを支える仕組みを構築していくことが必要となります。

2023年に新設されたこども家庭庁は、児童健全育成においても大きく注目されています。

子どもの最善の利益が守られ、より健やかな子どもの成長を見守ることのできる社会になることを期待しています。

【ワーク①】調べて書いてみよう！

あなたの居住地域の市町村では、どこでどのような母子保健施策が行われているか調べてみましょう。

【ワーク②】調べて書いてみよう！

児童館や学童（放課後児童健全育成事業）には具体的にどのような遊びや玩具があるのか、自分の子どもの頃を思い出して、意見を出し合ってみましょう。また、現在の児童館・学童で行われていることも調べてみましょう。

【参考文献】

厚生労働省ホームページ：令和5年版厚生労働白書　資料編（PDF）「Ⅰ制度の概要及び基礎統計〜7雇用均等・児童福祉」p.192

厚生労働省ホームページ：性と健康の相談センター事業の概要

健やか親子21　−妊娠・出産・子育て期の健康に関する情報サイト−

『社会福祉学習双書』編集委員会『第5巻　児童・家庭福祉』（学習双書2023）全国社会福祉協議会、2023年

柏女霊峰『子ども家庭福祉論［第7版］』誠信書房、2022年

谷田貝公昭・石橋哲成監修、髙玉和子・千葉弘明編著『新版　児童家庭福祉論』（コンパクト版　保育者養成シリーズ）一藝社、2018年

[橋本樹]

子ども虐待と社会的養護

第1節　子ども虐待

1 ≫≫≫ 子ども虐待の定義・現状

（1）虐待の定義

　児童虐待の防止等に関する法律（以下、児童虐待防止法）第2条の中では、子ども虐待とは「保護者（親権を行う者、未成年後見人その他の者で、児童を現に監護するものをいう。以下同じ。）がその監護する児童（18歳に満たない者をいう。以下同じ。）について行う次に掲げる行為をいう」と記載されています。つまり、子ども虐待とは基本的に家庭内で保護者が子どもに対して行う行為とされています。

　また、児童虐待防止法では、子ども虐待を主に四つ定義しています。

　一つ目は、身体的虐待です。これは、子どもに対して殴る・蹴るなどの暴行を加える。タバコの火を押し付けるなどの身体的に傷を負わせる虐待です。

　二つ目は、性的虐待です。これは、子どもに対してわいせつな行為をすること、またはわいせつな行為をさせることです。わいせつな行為を子どもに見せることも含まれます。

　三つ目は、ネグレクトです。これは、子どもに食事を与えない、病気や怪我をしても病院に連れていかないなど必要な養育行為をしないことです。

　四つ目は、心理的虐待です。これは、子どもを否定するような言葉を言ったり、逆に子どもの言うことを無視することです。

（2）子ども虐待の現状

　図10-1に近年の虐待相談件数をあげています。2011年度では虐待相談内容件数の総数が5万9,919件でしたが、2022年度では21万9,170件と約3.7倍にまで増えています。これは「子ども虐待自体が増えた」のかもしれませんが、児童虐待防止法が成立し、子ども虐待についての報道が増えたことで、多くの人が子ども虐待に関心を持つようになった結果、虐待相談内容件数が増えたとも見て取れます。

　2022年度の子ども虐待の中で、心理的虐待が最も多いことが図10-1からわかります。

　ニュースなどで、子どもの父親が母親に暴力を振るったなどの報道を目にしますが、こうした行為はドメスティック・バイオレンス（以下、DV）と言われています。このDVを子どもが目撃すること（面前DV）も心理的虐待と言われています。近年では、この「面前DV」が増えているため、心理的虐待の割合が一番高くなっています。

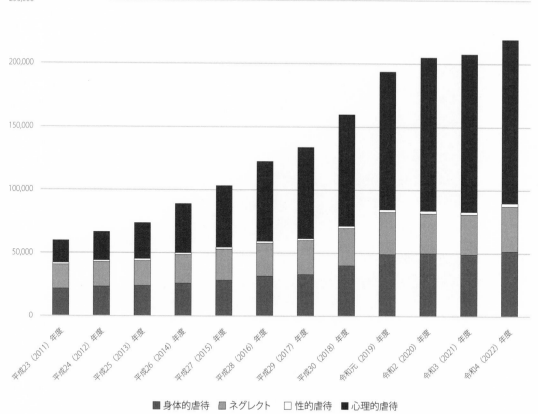

図 10-1　児童相談所における虐待相談内容件数の推移

凡例: ■ 身体的虐待　■ ネグレクト　□ 性的虐待　■ 心理的虐待

出典「令和 4 年度　児童相談所における児童虐待相談対応件数（速報値）」（PDF）をもとに筆者作成

第 10 章

2 ≫≫≫ 子ども虐待の発生要因・背景

（1）虐待発見の経路・虐待者

　子ども虐待は主に家庭内で起きています。家庭内で起きていることは一般の人には見えにくいため、子ども虐待の発見は難しいのです。

　こども家庭庁「令和 4 年度　児童相談所における児童虐待相談対応件数（速報値）」では、虐待相談の相談経路は「警察等」が最も多く、11 万 2,965 件となっています。次いで「近隣・知人（2 万 4,174 件）」「家族・親戚（1 万 8,436 件）」「学校（1 万 4,987 件）」となります。

　表 10-1（次頁）を見ると、主な虐待者として一番多いのは実母（その子どもを産んだ母親）とされています。しかし、相談種別で見ると実母の場合は「ネグレクト」が最も多いのですが、実父の場合は「心理的虐待」が最も多いことがわかります。

表 10-1　市町村における児童虐待相談の対応件数、児童虐待相談の相談種別×主な虐待者別

相談種別	総数	実父	実父以外の父親	実母	実母以外の母親	その他
総数	162,884	58,465	5,555	89,941	688	8,235
身体的虐待	43,194	16,474	2,284	22,139	221	2,076
性的虐待	1,430	757	258	137	―	278
心理的虐待	75,730	35,349	2,699	32,908	284	4,490
保護の怠慢・拒否（ネグレクト）	42,530	5,885	314	34,757	183	1,391

出典：厚生労働省ホームページ「令和3年度 福祉行政報告例の概況」をもとに筆者作成

（2）虐待が起きる背景

　虐待の背景には様々な要因が考えられますが、厚生労働省「子ども虐待対応の手引き」では要因として「保護者側のリスク要因」「子ども側のリスク要因」「養育環境の要因」の三つに分けて示されています。

　保護者側のリスク要因は、妊娠・出産など、子どもが産まれる前の何かしらの問題から保護者自身の障害や疾患などが関係していることが分かります。子ども側のリスク要因は、乳児期・未熟児（低出生体重児）・障害児など、子育てで何かしらの困難を抱える場合が挙げられています。養育環境の要因では、保護者や子ども自身のこともありますが、経済不安など本人の努力では解決が難しい場合もあります。

3»»» 子ども虐待への対応

（1）通告の義務、専門職による早期発見義務

日本国民は、児童虐待ではないかということを目にした場合には通告することが義務になっているため、「虐待かもしれない」と思ったら、児童相談所に連絡することが重要です。

また、専門職には早期発見義務というものがあります。保育士であれば、朝、保育所で子どもを受け入れる際に「昨日はなかったのにアザがある」と気付くことがあるかもしれません。普段子どもに関わる専門職は一番に虐待に気が付く可能性を持っています。

（2）民法の親権制限制度

　子どもを育てることは親の権利であり、義務でもあります。この親の権利と義務は「親権」と言って、民法の中で決められています。

　親権には例えば、子どもの代わりにお金を管理したり、契約を行うなどの「財産管理権」というものがあります。みなさんも携帯電話を使うために、親に契約してもらったことがあ

るかもしれません。これも親権の一種です。こうした親権を乱用して子ども虐待をする保護者が増えているため、民法が見直され、2012年に「親権制限制度」が施行されました。

　これまで子ども虐待のような場合では、①親権はそのままにする、②親権を親から奪う（親権喪失）の2択でしたが、2012年から新たな選択肢として、③親権停止（最長2年）が加わりました。親権を停止している間に子ども虐待をした親や家庭に支援を行い、親子関係を修復する家族再統合が主な目的です。

（3）児童虐待の発生予防、迅速・的確な対応

　これまで述べてきた子ども虐待に対応する仕組みができています。こども家庭庁ホームページには発生予防として「児童相談所虐待対応ダイヤル『189』」「親子のための相談LINE」「子育て世代包括支援センター」（2024年4月より「こども家庭センター」）が挙げられています。

　虐待はあってはなりませんが、虐待した親を責めることで問題は解決しません。その親は仕事が忙しい中、急いで子どもを保育園に迎えに行くことが続いていたのかもしれません。そんな中、子どもが言うことを聞いてくれず、親も余裕がなくなっていたのかもしれません。こうした親の気持ちにも配慮する必要があります。

　【虐待してしまった気持ち】に共感する必要はありますが（「仕事が忙しい中、毎日子どもの夕食を作り大変でしたね」など）、【虐待してしまった行為自体】は肯定してはいけません（「子育てに余裕がなかったのですね。だからと言って、子どもを叩いて良いわけではありません」など）。

　虐待してしまった親も支援が必要な人です。専門職であれば一方的な見方ではなく、広い視点で物事を見ていく力が求められます。

第10章

【ワーク①】調べて書いてみよう！

あなたの暮らしている都道府県・市町村の、1. 子ども虐待の予防に関する相談窓口（子育て相談など）、2. 子ども虐待が起きた場合の通報先（児童相談所など）の2点について、具体的にどのようなところがあるのかを調べて書いてみましょう。

1. 子ども虐待の予防に関する相談窓口（子育て相談など）

第2節　社会的養護

1 ≫≫≫ 社会的養護の体系と要保護児童の現状

（1）社会的養護の体系

　何かしらの事情で親と暮らせない子どもたちを護るために「社会的養護」という仕組みがあります。社会的養護は「親に代わって子どもを養育し、保護する」ということです。こうした社会的養護を必要とする子どもを「要保護児童（保護を必要とする子ども）」と言います。

　社会的養護は大きく分けると、施設養護と家庭養護の2種類に分けることができます。

　施設養護とは、主に乳児院や児童養護施設のことを指します。その他の施設としては、児童心理治療施設、児童自立支援施設、母子生活支援施設、自立援助ホームなどがあります。

　一方で家庭養護とは、主に里親やファミリーホーム（厚生労働省が定めた第二種社会福祉事業で「小規模住宅型児童養育事業」を行う住居のこと）などのことを指します。

（2）要保護児童の数と入所理由

　2022年段階では、施設に入所している子ども（施設養護）は3万3,975名、里親やファミリーホームに委託されている子ども（家庭養護）は7万7,988名、合計で11万1,963名となっています。

　これまでは要保護児童の約90%は施設で過ごしていましたが、2016年に児童福祉法が改正する中で、施設養護より家庭養護を優先するように方針が変わってきています。

　表10-2に子どもが保護を必要とするようになった理由（主な養護問題発生理由）としてまとめてありますが、施設養護・家庭養護いずれであっても「虐待」が最も多いことがわかります。2番目に多い理由が共通して「母の精神疾患」であり、3番目に多い理由が施設養

護では「破産等の経済的理由」、家庭養護であれば「母の死亡」「児童の問題による監護困難」などとなっています。つまり、要保護児童を支援する際には、子ども虐待の知識は不可欠であり、加えて精神疾患や経済的な知識など、保護者を巡る状況についても知識や理解が必要になってきます。

表 10-2　主な養護問題発生理由

	乳児院	児童養護施設	里親	ファミリーホーム
総数	3,023	27,026	5,382	1,513
虐待　※	984	12,210	2,113	657
破産等の経済的理由	200	1,318	341	43
児童の問題による監護困難	4	1,061	64	78
父の精神疾患	6	208	27	6
母の精神疾患	702	4,001	675	211
父の死亡	3	142	126	14
母の死亡	14	542	583	45
父の行方不明	1	60	86	12
母の行方不明	40	701	362	51
父の拘禁	10	284	25	6
母の拘禁	111	993	136	53

※父の放任・怠惰、母の放任・怠惰、父の虐待・酷使、母の虐待・酷使、棄児、養育拒否を全て足したもの
出典「児童養護施設入所児童等調査の概要（平成 30 年 2 月 1 日現在）」（PDF）厚生労働省子ども家庭局厚生労働省社会援護局害保健福祉部（令和 2 年 1 月）をもとに筆者作成

2≫≫≫ 施設養護

（1）施設数と入所児童数

　2022 年 3 月末現在、施設の数が最も多いのは児童養護施設 619 か所で、次いで自立援助ホーム 229 か所、母子生活支援施設 215 か所、乳児院 145 か所、児童自立支援施設 58 か所、児童心理治療施設 53 か所となっています。

　入所している子ども（現員）で見ると、児童養護施設が 2 万 3,008 人と最も多く、次いで母子生活支援施設 5,293 人、乳児院 2,351 人、児童心理治療施設 1,343 人、児童自立支

援施設1,162人、自立援助ホーム818人となっています。つまり、約3万3,000人の子どもが施設で暮らしていることになります。

（2）施設養護で行われる援助

2012年3月29日に厚生労働省より発表された「児童養護施設運営指針」では、社会的養護の原理として、①家庭的養護と個別化、②発達の保障と自立支援、③回復をめざした支援、④家族との連携・協働、⑤継続的支援と連携アプローチ、⑥ライフサイクルを見通した支援の6点が挙げられています。

③に関しては、虐待を受けた子どものなかには不適切な養育環境にあったため、人に対する基本的信頼感や安心感などが育っていない可能性があります。そのため、施設に入所している子どもたちに関わる専門職としては、子どもが「自分は大事にされている」「自分はここにいていいんだ」と思えるような関わり方が求められます。そのような思いが結果として、傷ついた子どもの心を回復させていくことに繋がります。

④に関しては、子どもが安心して家に帰ることができるように、家族とも連絡を取りながら、家族関係を修復していきます。つまり、子どもだけではなく、家族も含めた支援が専門職には求められるのです。

3 ≫≫ 家庭養護

（1）里親制度の仕組みと種類

国は「家庭養護」の割合を増やす方針を示し、里親制度はその代表的なものです。里親の種類としては、「養育里親」「専門里親」「養子縁組里親」「親族里親」の4種類があります（表10-3）。親の戸籍に入ることになる養子と違い、里親と里子は法的な親子関係ではありません。そのため、親権は産みの親にあるままで、子どもは里親のもとで暮らします。

里親になるためには、はじめに児童相談所が行っている「里親研修」を受講する必要があります。この研修を修了することで里親として認定・登録され、子どもの委託を待つことになります。また、保育所に預ける場合の保育料や病院にかかった際の治療費などは無料（児童相談所から支払われる）になります。また、定期的な児童相談所による訪問もあることで、里親が子育てをしている上での悩みなどを聴くこともできるようになっています。

表 10-3　里親の種類

種類	対象児童	登録有効期間	登録里親数	委託里親数	委託児童数
養育里親	養子縁組を目的とせず、要保護児童を預かって養育する里親。実親のもとで暮らせるまでとなっており、委託期間は子どもと里親によって異なる。	5 年	11,853 世帯	3,774 世帯	4,621 人
専門里親	虐待を受けた子ども、非行等の問題を有する子ども、障害のある子どもなど専門的な援助を必要とする子ども（委託できる子どもは 2 名まで）。	2 年	715 世帯	171 世帯	206 人
養子縁組里親	護者のない子どもや家庭での養育が困難で、実親が親権を放棄する意思が明確な場合の養子縁組を前提とした里親（里親として子どもと 6 か月以上同居して様子を見た上で養子縁組が決定される）。	養育里親に準じる	5,619 世帯	353 世帯	384 人
親族里親	3 新等以内の親族（祖父母、叔父、叔母）の子どもの親が死亡、抗禁、入院や疾患などで養育できない場合の里親。	—	610 世帯	565 世帯	808 人

※里親・児童数は 2021 年 3 月末現在
出典：「里親制度（資料集）」（PDF）こども家庭庁支援局家庭福祉課（令和 5 年 10 月）、公益財団法人全国里親会ホームページ「里親の種類と要件」をもとに筆者作成

（2）養子縁組・特別養子縁組制度の仕組み

　養子縁組は実際に親の戸籍に入るため、法的な親子関係となり、関係は成人後もずっと続きます。親が死亡している場合や、虐待などで家族再統合が難しい場合は「一時的な親子関係」になる里親よりも、特別養子縁組の方が子どもにとっても「ずっと親子関係が続く」ことになり安心するでしょう。こうした考え方を「パーマネンシー保障」と言います。こうした背景もあり、近年では「特別養子縁組」が注目されています。

　特別養子縁組の特徴としては、①養親は原則一方が 25 歳以上、②養子は原則 15 歳まで、③成立後に実親との親子関係がなくなる、④戸籍に「養子」と記載されないなどがあります。

第 10 章

4 »»» 社会的養護のこれから

　2013 年の特別養子縁組の成立件数は 474 件でしたが、2021 年段階で 683 件と近年増え続けていることがわかります。このことからも今後は、里親家庭で暮らす子どもたちや特別養子縁組を行なった子どもたちが地域の中でも増えていくことでしょう。そのため今後は「様々な家庭の在り方」を念頭においた支援が、求められるようになるでしょう。

【ワーク②】調べて書いてみよう！

社会的養護を必要とする子どもが、施設養護（例えば、乳児院や児童養護施設）で暮らす場合と家庭養護（例えば、里親）で暮らす場合では、どのようなメリット、デメリットがあるでしょうか。子どもの立場から考えて書いてみましょう。

・メリット

・デメリット

【引用・参考文献】

「令和4年度　児童相談所における児童虐待相談対応件数（速報値）」(PDF)

厚生労働省ホームページ：令和3年度 福祉行政報告例の概況（PDF）「結果の概要〜9 児童福祉関係」

「1 養護問題発生理由」『児童養護施設入所児童等調査の概要（平成30年2月1日現在）』(PDF) 厚生労働省子ども家庭局厚生労働省社会援護局障害保健福祉部（令和2年1月）p.12

厚生労働省ホームページ：子ども虐待対応の手引き（平成25年8月改正版）

「社会的養育の推進に向けて（令和5年4月5日）」(PDF) こども家庭庁支援局家庭福祉課（令和5年4月5日）

「里親制度（資料集）」(PDF) こども家庭庁支援局家庭福祉課（令和5年10月）

公益財団法人全国里親会ホームページ：里親の種類と要件

新保幸男・小林理編『子ども家庭福祉』（新・基本保育シリーズ3）中央法規出版、2019年

直島正樹・河野清志編著『図解で学ぶ保育　子ども家庭福祉』萌文書林、2019年

太田光洋編著『子育て支援演習』（シードブック）建帛社、2021年

古泉智浩『うちの子になりなよ　ある漫画家の里親入門』イースト・プレス、2015年

ヨンチャン著・原作、竹村優作原作『リエゾンーこどものこころ診療所ー第14巻』講談社、2023年

[平澤一郎]

第 11 章

障害のある子どもとその家庭への支援

第1節　障害のある子どもに関する法律

1 »»» 法律と子どもの発達保障

　障害児に関する法律には、こども基本法、児童福祉法、障害者基本法、障害者総合支援法、発達障害者支援法、身体障害者福祉法、知的障害者福祉法、精神保健福祉法などがあります。

　現代社会においては、多様で複雑な課題を抱える子どもや家庭が顕著となっており、こども施策を総合的に推進することを目的とする「こども基本法」が成立しました。この法律で基本理念に掲げられている「こども」は全ての子どもを指しています。障害のある子どもや発達上の課題を抱える子どもにも最善の利益の尊重があり、発達保障の機会があることは重要なことです。保育者は地域の中で一番身近な専門職でもあることから、子どもや家庭の力を引き出し、様々な情報提供を行うことも必要とされています。まずは主な法律や制度・施策を調べ、子どもの成長・発達に繋がる理念を整理した上で、包括的な支援ができるように学習を進めましょう。

2 »»» 法律における定義と理念

　「児童福祉法」は障害児の定義として、身体に障害のある児童、知的障害のある児童、精神に障害のある児童（「発達障害者支援法」に規定する発達障害児を含む）、治療方法が確立していない疾病等で「障害者総合支援法」に定める障害の程度である児童、と明記しています。

　「発達障害者支援法」は発達障害の定義として、自閉症、アスペルガー症候群その他の広汎性発達障害、学習障害、注意欠陥多動性障害その他これに類する脳機能の障害であってその症状が通常低年齢において発現するもの、と明記しています。また「障害者基本法」には障害者とは、障害及び社会的障壁により継続的に日常生活又は社会生活に相当な制限を受ける状態にあるものとあり、社会的障壁とは、障害がある者にとって日常生活又は社会生活を営む上で障壁となるような社会における事物、制度、慣行、観念その他、と明記されています。

　このように各法律には障害児者の定義がありますが、そこには理念も示されています。

　「児童福祉法」には、児童の権利に関する条約の精神にのっとりと明記され、この権利は全ての児童にあると示されています。「こども基本法」には、心身の状況、置かれている環境等にかかわらず、その権利の擁護が図られ、将来にわたって幸福な生活を送るとあり、「障害者基本法」「障害者総合支援法」には、障害の有無によって分け隔てられることなく、相

互に人格と個性を尊重し合いながら共生する社会を実現するなどが示され、基本的人権を享有する個人としての尊厳にふさわしい生活を営むことができるよう、必要な障害福祉サービスに係る給付、地域生活支援事業その他の支援を総合的に行う、などが明記されています。

　以上のことから全ての子どもには、保護され愛される受動的な権利と、意思表明や社会参加など自己実現ができる能動的な権利があり、保育者は家庭への支援も視野に入れながら、子どもの最善の利益を図ることを忘れてはならないのです。また、誰でもが自分の住む地域で生活をし、社会の一員として人生を楽しめる社会を実現するには、乳幼児期からの個々の支援方法や、周りの子どもたちの心の形成などは、重要な観点と言えます。

3 »»» 法律における支援内容

（1）福祉サービス

　一般に身体障害者手帳、精神障害者保健福祉手帳、療育手帳の総称を障害者手帳と言い、取得することで、障害の種類や程度に応じた様々な福祉サービスを受けることができます。身体障害者手帳は「身体障害者福祉法」、障害者保健福祉手帳は「精神保健福祉法」に基づいて障害の認定が行われ、手帳の交付申請は市町村の担当窓口で行います。療育手帳は「知的障害者福祉法」に知的障害の定義がないため、児童相談所又は知的障害者更生相談所で判定され交付となります。各自治体において判定基準が定められ、手帳名も「愛の手帳」「愛護手帳」「みどりの手帳」などの名称があります。

　いずれの手帳も「障害者総合支援法」の対象となり、様々な支援策が講じられ、自治体や事業者が独自に提供するサービスもあります。また、手帳を持たない場合でも審査の結果により、日常生活の介護支援を行う介護給付、自立生活や就労を目指す人を支援する訓練等給付などを利用することができます。子どもへの福祉サービスとしても、居宅サービス、通所施設サービス、入所型施設サービスなどがあり、「医療的ケア児及びその家族に対する支援に関する法律」が2021年に施行され、文部科学省の「小学校等での医療的ケア児を受け入れるための資料」が作成されています。

（2）経済的支援

　「特別児童扶養手当等の支給に関する法律」には、3つの手当てが定められています。

　特別児童扶養手当は、20歳未満で精神又は身体に障害を有する児童を家庭で監護、養育している父母等に支給され、2023年4月から月額は5万3,700円（1級）、3万5,760円（2

級）で、受給資格及び手当ての額について、都道府県知事の認定を受けなければなりません。

　障害児福祉手当は、精神又は身体に重度の障害を有する児童に対し支給され、2023年の月額は1万5,220円となっています。受給資格について、都道府県知事、市長又は福祉事務所を管理する町村長の認定が必要です。

　特別障害者手当は、20歳以上で著しく重度の障害の状態にあるため、日常生活において常時特別の介護を必要とする者に支給され、2023年の月額は2万7,980円となっています。

第2節　社会参加や共生から考える人権

1 »»» ノーマライゼーションの理念

　ノーマライゼーションは、誰もが当たり前の生活、普通の生活ができるように社会環境の整備・実現を目指す理念で、1950年代に知的障害者施設で多くの人権侵害が行なわれていたことに対するデンマークの親の会による運動から生まれました。バンク - ミケルセン（Niels Erik Bank-Mikkelsen 1919〜1990）が提唱し、ニィリエ（Bengt Nirje 1924〜2006）がその考え方を8つの原則として示し、ヴォルフェンスベルガー（Wolf Wolfensberger 1934〜2011）らがソーシャル・ロール・バロリゼーション（社会的役割の獲得）などに発展させ、その考え方を広めていきました。自分の意志ではなく施設に入れられ、食事や睡眠も時間通りで、プライバシーも無い集団生活を想像し、当たり前の生活とは何かを考えてみることは大切です。

2 »»» ソーシャル・インクルージョンの理念

　1970年代にヨーロッパで貧困から抜け出せなくなった労働者が多数発生した状態をソーシャル・エクスクルージョン（社会的排除）と呼び、ソーシャル・インクルージョン（社会的包摂）はその対立概念として用いられました。ソーシャル・インクルージョンは、社会の全ての人々を排除・孤独・孤立から援護し、社会の一員として共に支え合う考え方のことです。例えば教育においても、分離教育や特殊教育を経て、現代のインクルーシブ教育が構築されました。「障害者の権利に関する条約」により、障害者の地域社会への参加や共生などが明確となりましたが、現代社会においては物理的・制度的・文化・情報面・意識上のバリアなど、多くの課題があります。

3 »»» ICF モデル

WHO（世界保健機関）による 1980 年の国際障害分類（ICIDH：International Classification of Impairments, Disabilities and Handicaps）では、障害を「機能障害」「能力障害」「社会的不利」というマイナスの一方通行で表していましたが、2001 年の国際生活機能分類（ICF：International Classification of Functioning, Disability and Health）では、「心身機能・身体構造」「活動」「参加」「環境因子」「個人因子」で構成しています。これは、生活のしづらさや困った状況を本人の障害にだけ原因があるとせずに、本人を取り巻く環境整備を行うことで、活動や参加ができることに着目したものです（図 11-1）。

例えば、下肢麻痺による車イス使用で、隣駅のスーパーに行く場合を想像してください。車イス生活の人がスーパーで買い物が困難になってしまう要因には、店にエレベーターなどのバリアフリー設備がないことやサポートしてくれる人がいないことなど、様々なことが考えられます。それでは、駅に車イス用のエレベーターがあり、電車や道路、店内に段差がなく、十分なスペースのトイレもあるとどうでしょう。あるいは重度で寝たきりでも適切な支援があれば、大学で学ぶこともできるし、海外に行くことも可能です。このように自立とは、1 人で何もかも行うことではなく、地域にある社会資源を有効に使いながら社会参加や自己表現ができ、人生を豊かにしていくことでもあります。ICF はその人の生活機能を、周囲の環境など広い視点から考えていくことで「医学モデル」と「社会モデル」を総合したモデルとも言われます。

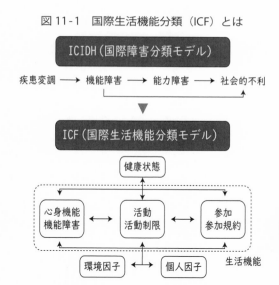

図 11-1　国際生活機能分類（ICF）とは

出典：厚生労働省ホームページ「第 1 回社会保障審議会統計分科会生活機能分類専門委員会資料」

4 »»» 社会参加と共生

「子ども・子育て支援法」には、全ての子どもが健やかに成長するように支援すると示されています。「障害を理由とする差別の解消の推進に関する法律」には、全ての国民が障害の有無によって分け隔てられることなく、相互に人格と個性を尊重し合いながら共生する、

と示され、社会的障壁の除去のための合理的配慮についても規定されています。

　総合的なサービスや支援の充実により、自立や社会参加が可能となり、自分の趣味や楽しみを選択し活動することができます。保育者は本人の意欲や主体性を育むには何が必要となるのかを包括的に捉え、将来を見通してアセスメントしながら、共に学び遊ぶ中での意識の深まりを通して、社会の人々の意識をも高めていく役割も担っていると言えます。

　このように、人が幸せに暮らすには、welfare（福祉・幸せ）の概念のみではなく、well-being（人権の尊重や自己決定・自己実現など）の観点も重要となります。

【ワーク①】調べて書いてみよう！

物理的バリア、制度的バリア、文化・情報面でのバリア、意識上のバリアにはどのようなものがあるか書き出し、具体的な改善方法を考えてみましょう。

第3節　様々な障害の特性に応じた支援

1 »»» 子どもと家庭への支援

（1）個々への支援

　障害のある子どもは、視覚障害、聴覚障害、言語障害、知的障害、肢体不自由、身体虚弱、重度心身障害、外傷後ストレス障害（PTSD）、反応性愛着障害、注意欠陥多動性障害（ADHD）、学習障害（LD）、広汎性発達障害（自閉症スペクトラム）、チック、吃音症、発達性強調運動障害、高次脳機能障害、性別不合（性同一性障害）など、様々なニーズを抱えています。また、子どもの心身や家庭の生活環境における課題が重複している家庭も多くあります。

　これらに保育者が対応するためには、①子どもや保護者の持つ力（ストレングス）を引き出す、②保護者と信頼関係を結び共に育てる、③家庭機能向上を図る、④他の職員や地域の資源と連携・協働する、⑤システムや制度を十分活用するなどの知識や技術が必要となります。

　また障害のある子どもには、家庭で生活をする子どももいれば、施設内で生活をする子どももいます。子どもは安定した生活を送ることのできる環境の中でこそ、自己を十分に発揮

できるようになります。どんなに重度の障害であろうとも、どこで生活をしていようとも、子どもたちが安心し、周囲の環境と十分に関わることができるよう見通しをもち、発達段階に応じた一貫した支援を継続的に行うことが重要です。

（2）支援の内容

保育者は子どもの課題となる生活や障害の状況をアセスメントし、短期目標から長期目標まで前項の知識や技術を活用しながら、丁寧に支援することが重要となります。

その際に必要となる観点として、下記①〜⑤のような内容があります。これらを継続して丁寧に行うことで、障害のある子どもも含めた全ての子どもの将来にわたる人格形成の基礎となり、共生社会の基盤ともなるのです。

①子どもへの支援・・・・・・・・・・・・・障害全般に関する知識と、個々の課題に応じた支援

②保護者への支援・・・・・・・・・・・・生活・心身など、家庭の状況に応じた支援

③他児との関係性・・・・・・・・・・・・集団の中でお互いが成長できる保育を行う

④他児の保護者の理解を促す・・・・保育者が手本となり良い部分を大切にした関わりを示す

⑤地域住民の理解を促す・・・・・・・園庭開放や講演などを行い、地域全体の意識を高める

（3）保育者の質

2022年に文部科学省が出した統計では、小中学校の通常学級で教育的支援を必要とする発達障害の可能性のある児童生徒が8.8％、11人に1人程度在籍しているとされ、教員の質向上が重要視されています。保育者の質の向上はその前段階としても重要です。

多様な背景を持つ子どもへの支援は、子どもの最善の利益を考えながら子育て家庭をも支える必要があり、日常生活から子どもの発達過程や心身の状態を把握します。子どもの特性や能力に応じて少しずつ達成していけるように、課題となることが生じやすい場面や状況などをアセスメントし、指導案の作成をします。その際、子どもと保護者の主体性を尊重し、エンパワメントできる観点を持ち、地域の社会資源である福祉・医療・保健等の関係機関や専門職と連携し、親子を総合的に支援できることが求められます。

「発達障害者支援法」には、発達障害児の健全な発達が他の児童と共に生活することを通じて図られるよう適切な配慮をする、と規定されています。障害や発達上課題のある子どもが他の子どもと共に成功する体験を重ね、子ども同士が落ち着いた雰囲気の中で育ち合えるようにするための工夫が求められます。そのためにも観察力や判断力、行動力、人間力が求められ、子どもの身体面、情緒面や行動などをきめ細かく観察し、保護者と子どもの関係にも気を配っていく力が

必要となります。子どもの背景を十分に把握した上で、子どもの権利とニーズを優先し、必要な心のケアも含めて養育を行っていくことが、子どもたちの今後の人生にとっても大切なことです。

2»»» 家庭で生活をする子どもへの支援

（1）子どもへの支援

　保育者は一人一人の個性や発達状況に応じて、遊びの中から様々な経験を積み重ねるように指導案を作成し環境構成をします。それは、障害や発達上の課題のある子どもも同様です。

　障害のある子どもが、基本的な動きから徐々に複雑な動きを体験できるような安心して取り組める遊具を活用することで、達成感や充実感、もっとやりたいという気持ちを育てます。

　例えば、弱視の子どもがぬり絵に興味を持った時の工夫、難聴の子どもに絵本を読む時の工夫、肢体不自由の子どもが興味や関心を持って多くのことにチャレンジできる工夫など、個々の子どもに応じて、成功体験が積み重ねられるように環境設定をしていきます。気持ちや行動が安定しにくく、集団活動に参加することが難しい子どももいます。自ら見通しを持った行動ができるよう、絵カードなどを使用した情報提供や、集団音に対する不快感を持つ子どもにはイヤーマフを使用するなど、徐々に慣れるような工夫も必要で、この経験は彼らが社会人となっても自分を大切に思える成功体験となります。また、重度の障害のある子どもも園での生活に安心できるよう、昼食時間なども誤飲などの事故防止を行いながら、咀嚼（そしゃく）や嚥下（えんげ）の摂食機能や手指の運動機能等の状態に応じた配慮をし、自助具を使用するなど園内でできる工夫をすることで、自分でできたという達成感が育まれます。

　このように子どもの将来を見通した上で、指導内容や指導方法を全職員が共通理解し、連携して計画的、組織的に取り組むことは大切です。また保育所等は、日々の生活や遊びを通して子どもたちが共に育ち合う場です。障害のある子ども一人一人の特性を理解し、ありのままの姿を受け止める保育者のつくる温かい姿勢や人間関係のある環境は、子ども同士が互いを認め合い肯定的な関係をつくる素地となります。子ども同士が共に過ごす経験は他児にとっても意義のある体験となり、視野を広げる上での機会ともなるのです。これらはさらに他の保護者へも大きく影響し、障害者に対する正しい理解と認識を深め、将来的に相互に人格と個性を尊重し合える共生社会の基礎となるのです。

（2）保護者への支援

　子どもの発達は、保護者や家庭との連携が何よりも大切となります。診断名のつかない不

安や兄弟姉妹間の悩みなど、将来の見通しが立たず多くの不安を抱えている家庭も多く見えます。障害のある子どもの発達の状態は、家庭での生活とも深く関わっているため、保護者との密接な連携の下に指導を行うことが重要となります。保育者は保護者の願いや将来の希望などを丁寧に受け止め、理解し支えながらラポール（信頼関係）を構築し、子どもの困難な状況だけでなく得意なことも含めて生活状況を伝え合えるように、来園しやすく相談できるような雰囲気や場所を用意して支援します。子どもの育ちを共に喜び合う中で、保護者自身の力を引き出すこと（エンパワメント）は、これからの人生にとっても大切なことです。そのためにも、加配保育士の協力や保育所等訪問支援・巡回支援専門員などにアドバイスを受け、保育を振り返り、明確化することで、家庭でも継続していけるような支援をします。育てにくさを感じている保護者に対しては子育てに前向きになれるよう、障害児を育てる親同士による情報交換やピア・カウンセリング、家族会等での兄弟姉妹に対する支援や相互交流、レスパイトケアなどが心を癒して次への力の源となるものです。また子どもと共に成長していくための支援プログラムへの参加や、児童発達支援センターや放課後等デイサービスの紹介などは親の安心に繋がり、医療費の自己負担分を助成する自立支援医療や補装具費の支給等は、身体的、精神的、経済的な助けにもなります。今後の見通しについては、かかりつけ医や保健センター等と連携や協力を図り長期的な視点で取り組む必要があるため、地域の社会資源を把握しておくことも必要となります。障害の早期発見・対応には、妊産婦健診、乳児健診、1歳6か月児健診、3歳児健診、就学時健診、また保健所、福祉事務所、家庭児童相談室、児童相談所、児童委員等による相談支援があります。

【ワーク②】調べて書いてみよう！

様々な障害のある子どもを考え、遊びや生活の中で、その子どもや家庭にどんな支援の方法があるのかを考えて、具体的に書いてみましょう。

1. 対象とする子ども

2. ねらい・内容・環境構成

3. 保護者への助言・指導

第11章

3 >>> 施設で生活をする子どもへの支援

障害児入所施設では、様々な子どもが親元を離れて生活しています。また、児童養護施設等にも障害のある子どもがいて、厚生労働省による 2020 年の児童養護施設入所児童等調査概要では、児童の心身の状況については「該当あり」の割合が児童養護施設では 36.7％、児童心理治療施設では 85.7％、児童自立支援施設では 61.8％、乳児院では 30.2％ となっています。

個々の子どものニーズは多様であり、子どもの最善の利益の尊重、意見表明権の尊重、アドボカシー（権利擁護）機能の充実など、広い観点から子どもの成長・発達を支援する必要があり、将来も踏まえて地域の一員として安心した生活ができるためにも、エビデンス（根拠）に基づいた支援を行い、QOL（Quality of Life ＝生活の質）の向上が求められます。施設で暮らす子どもも他の子どもと同じように、長期的な視点で一貫した支援を行うことが重要であるため、家庭も含めた各関係機関と連携協力した支援計画が必要となります。

4 >>> 今後の展開

妊産婦と乳幼児のための妊娠期から子育て期にわたる切れ目のない支援として、妊婦健康診査、乳児家庭全戸訪問事業、養育支援訪問事業などに加え、子育て世代包括支援センター（母子健康包括支援センター）が全国に設置されています（2024 年 4 月より、子育て世代包括支援センターは、こども家庭センターに名称を変更されます）。保育所関連では、障害児保育の拡充、療育支援加算の創設、障害児保育におけるリーダー的職員の育成、保育所等訪問支援や巡回支援専門員への一部補助、ペアレントプログラムなどの導入が進められています。家庭的養護が必要な障害のある子どもへのパーマネンシー保障としては、一時保護里親、専従里親などを 2032 年度末までに創設するなども考えられています。

このようにどの子どもにも切れ目のない支援を行うことは、成長や発達、今後の人生において重要です。障害のある子どもも含めた全ての子どもが、楽しく多くのことに挑戦し、経験できるように、さらに、保護者がゆったり感を持って子どもの成長に喜びや生きがいを感じることができるように、保育者は支援しなければならないのです。

【参考文献】
厚生労働省ホームページ：第 1 回社会保障審議会統計分科会生活機能分類専門委員会資料
「社会的養育の推進に向けて」（PDF）こども家庭庁支援局家庭福祉課（令和 5 年 4 月 5 日）
文部科学省ホームページ：通常の学級に在籍する特別な教育的支援を必要とする児童生徒に関する調査結果（令和 4 年）について

[長瀬啓子]

第 **12** 章
社会的適応が難しい子どもへの支援

第1節　社会的適応と非行少年

1 ≫≫≫ 非行少年の定義

「社会的適応」とは、人が社会において役割を担うことや、他者との関係を築いている状態、その状態に至る過程のことを指します。しかし、適応すべき社会はその人が所属する国や地域、文化、年齢等の状況によってその範囲や内容が変化することがあります。一方で、社会的環境や他者と調和が取れない状態を「社会適応不全」と言い、特に子ども分野においては社会的なルールや規範を守ることができない少年非行や、学校・学業への適応の難しさ、ひきこもり等になって表れます。

少年法第2条では、「少年」を20歳に満たない者と定義し、18歳、19歳の少年は後述する「特定少年」としています。

少年法第3条では、「非行少年」を右のように規定し、広義的には、盛り場を徘徊する等、警察の補導対象となる行為をする少年も含めて非行少年と捉えることができます。

警察庁生活安全局人身安全・少年課（2023）では、犯罪の種類別に、非行を**表12-1**のように定義しています。

非行少年の健全な育成を目指して、少年法では、警察、検察庁、家庭裁判所、少年鑑別所、少年院、少年刑務所、地方更生保護委員会、保護観察所といった多くの機関が規定されており、それぞれの段階に応じた処分、処遇を行っています。

> 少年法
> 第三条　次に掲げる少年は、これを家庭裁判所の審判に付する。
> 一　罪を犯した少年（犯罪少年）
> 二　十四歳に満たないで刑罰法令に触れる行為をした少年（触法少年）
> 三　次に掲げる事由があつて、その性格又は環境に照して、将来、罪を犯し、又は刑罰法令に触れる行為をする虞のある少年（ぐ犯少年）
> 　イ　保護者の正当な監督に服しない性癖のあること。
> 　ロ　正当の理由がなく家庭に寄り附かないこと。
> 　ハ　犯罪性のある人若しくは不道徳な人と交際し、又はいかがわしい場所に出入すること。
> 　ニ　自己又は他人の徳性を害する行為をする性癖のあること。

表 12-1　非行の種類

凶悪犯	殺人、強盗、放火、強制性交等
粗暴犯	凶器準備集合、暴行、傷害、脅迫、恐喝
窃盗犯	窃盗
知能犯	詐欺、横領、偽造、汚職、あっせん利得処罰法、背任
風俗犯	賭博、わいせつ
その他	上記以外の罪種

出典：「令和4年中における少年の補導及び保護の概況」（PDF）警察庁生活安全局人身安全・少年課

2 »»» 少年犯罪の状況

　メディアで凶悪な少年事件が報道されると、世論の少年犯罪に対する不安が高まり、少年による非行行動全体に対する印象も同じように捉えられる傾向にあります。凶悪事件が報道されるたびに、わが国では少年犯罪に対する世論の意見に後押しされて法改正が行われ、厳罰化が進められてきました。

　法務省（2021）の「犯罪白書」によると、少年による刑法犯は件数の高いものから窃盗51.9％、傷害9.2％、暴行6.5％、横領6.2％、遺失物等横領6.1％であり、20歳以上の者（窃盗48.1％、暴行14.6％、傷害9.9％、詐欺5.9％、横領5.3％）と比べると若干ですが、軽犯罪の方が多いことが分かります（遺失物横領は放置自転車の窃盗等が含まれます）。刑法犯少年（犯行時及び処理時の年齢が共に14歳以上20歳未満の者）の検挙数の人口比は、ほぼ一定で推移している20歳以上の人口比と比べ、2003年のピーク時である17.5％を境に、2022年では2.3％と下降傾向にあります。少年犯罪は件数の増加や低年齢化の傾向にあるとは言えず、また、凶悪化していると言い切ることもできません。このような根拠となる事実を伴わない心理的な意味での犯罪に対する社会不安を、小沢（2009）は「体感治安の悪化」と指摘しています。一方で、犯罪を行った少年は発達途上にあり、適切な教育や処遇によって性格や思考、実際の言動が変化、更生し易い「可塑性」があるため、再犯率が成人と比べて低いとされています。非行少年の非行行動の背景には、家庭的な事情が潜在していることも多く、加害者の被害者性を理解し、教育・福祉的なサポートに繋げる視点が求められます。

3 »»» 少年法と児童福祉法

　少年非行は家庭裁判所だけが対応すると思われがちですが、特に触法少年（刑罰法令に触れる行為をしたが14歳未満であったため、法律上、罪を犯したことにならない少年）にあたる子どもが逮捕・補導された場合、児童福祉法が優先されます。そのため、警察は児童相談所へ通報し、児童相談所においては非行関係相談として扱われ、場合によっては一時保護所で保護されることになります（次頁 **図12-1**）。少年法の目的は「少年の健全な育成を期し、非行のある少年に対して性格の矯正及び環境の調整に関する保護処分を行う」（少年法第1条）とあるのに対し、児童福祉法では、施設への措置について「当該児童及びその保護者の意向その他児童の福祉増進」（児童福祉法26条8の第2項）が重視されるため、少年法と児童福祉法では非行少年の処遇における捉え方に違いがあることが分かります。

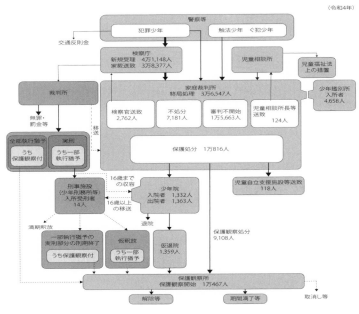

図 12-1　非行少年処遇の概要

（令和4年）

注：1）　検察統計年報、司法統計年報、矯正統計年報、少年矯正統計年報及び保護統計年報による。
　　2）　「検察庁」の人員は、事件単位の延べ人員である。例えば、1人が2階送致された場合は、2人として計上している。
　　3）　「児童相談所長等送致」は、知事・児童相談所長送致である。
　　4）　「児童自立支援施設等送致」は、児童自立支援施設・児童養護施設送致である。
　　5）　「出院者」の人員は、出院事由が退院又は仮退院の者に限る。
　　6）　「保護観察開始」の人員は、保護観察処分少年及び少年院仮退院者に限る。
　　7）　本図及び数値は、令和4年3月までは少年法の一部を改正する法律（令和3年法律第47号）施行前の手続により、
　　　　同年4月以降は同法施行後の手続による。

出典：法務省ホームページ「令和5年版犯罪白書」（PDF）「第3編　少年非行の動向と非行少年の処遇」p.127 をもとに筆者作成

4 ≫≫≫ 改正少年法と特定少年

　18歳から19歳の若者は、2022年4月から民法上は成人として扱われるようになったことに伴い、少年法においても2021年5月21日に「少年法等の一部を改正する法律」が参議院本会議で可決、成立しました（施行日は2022年4月1日）。この年齢で犯罪行為をした者は「特定少年」とされ、原則として成人と同じような刑事手続は適用されず、刑事事件については17歳以下と同様に少年法が適用されることとなりました。その他に、この改正少年法では、以下のようなことが新たに定められることとなりました。

（1）検察官送致（逆送）事件の対象拡大

　18歳未満の少年が犯罪行為をした場合、家庭裁判所では少年に対して犯罪に関する事実の他に、その生い立ちや性格、家庭環境等についても調査をした上で、少年院送致、保護観察、自立支援施設・児童養護施設送致等の保護処分を決定します（**表12-2**）。嫌疑がある限り、全ての少年犯罪は捜査機関（警察・検察）から家庭裁判所に送致されて審判を受けるため、原則検察官

のもとへ送致されて刑事裁判を受けることはありません。しかし、刑事処分相当と認められる重大犯罪の場合は、少年犯罪であっても検察官送致（以下、逆送）として扱われることがあります。

特定少年の場合でも、刑事処分相当と判断された場合に逆送される可能性はあります。しかし、少年法改正により特定少年は、「短期1年以上の懲役もしくは禁錮」が適用される罪も、原則逆送事件とされることとなったため、従来の規定よりも厳罰化されたと言えるでしょう。

表12-2　犯罪少年に対する家庭裁判所の処分

少年院送致	少年を少年院に収容して処遇を行う処分。
保護観察	少年に対して社会内で処遇を行う処分。
検察官送致 （逆送）	家庭裁判所が、保護処分ではなく、懲役、罰金などの刑罰を科すべきと判断した場合に、事件を検察官に戻すこと。逆送された事件は検察官によって刑事裁判所に起訴され、刑事裁判で有罪となれば刑罰が科される。

出典：裁判所のホームページを参考に筆者作成

（2）保護処分に関する期間の制定

従来の少年法では、審判時に保護処分の期間は明示されず、保護観察所の長が「保護観察を継続する必要がなくなったと認めるとき」、少年院送致は少年院の長が「矯正教育の目的を達したと認めるとき」とされていたため、実態に即した柔軟な運用がなされていました。しかし、改正少年法では特定少年に対して上述した保護処分が行われる場合、保護観察は6か月または2年、少年院送致の場合は3年の範囲で期間を明示するものと定められました。

（3）実名報道

少年法では、犯罪行為をした時点で少年だった者に対し、将来への影響に配慮して、氏名、年齢、職業、住居、容貌等によって、その者が当該事件の本人であると推知・特定されるような記事や写真を出版物等に掲載することは禁止されています（少年法第61条）。しかし、特定少年の場合、起訴された時点で実名や顔写真が報道される可能性があります。ただし、書類上で審査する「略式請求」となった場合には、特定少年であっても実名報道は行われません。

（4）ぐ犯少年の適用除外

これまでの少年法では、ぐ犯少年に対して家庭裁判所が後見的に介入し、実際には罪を犯していない者でも少年審判に付することができるよう規定されていました。これには、少年の保護を厚くするという意図と共に、成人の犯罪よりも捜査機関等の介入できる範囲を拡大する意図がありました。しかし、特定少年の場合は非行に走り、将来犯罪行為をするおそれ

があっても、少年審判に付される可能性はなくなり、特定少年については成人と同じ自己責任を求めるという側面が強くなりました。

（5）不定期刑の適応除外

これまで、刑事裁判に逆送され、有期の懲役または禁錮の刑罰を言い渡す際、課すことのできる範囲内で「懲役○年以上○年以下」というように幅をもたせた形で刑を言い渡す不定期刑が用いられてきました。これは、少年には可塑性があるため、刑期に幅をつけることで刑の執行中の改善の度合いに応じて処遇に弾力性を持たせるという趣旨が含まれていました。

しかし、特定少年に刑罰を言い渡す場合、成人と同様に「懲役○年」という明確な期間が示されることとなりました。また、不定期刑の刑期について、長期は 15 年、短期は 10 年を超えることはできないと定めていますが、特定少年の場合は刑期についての上限規制も適用除外となるため、成人と同じく最大で 30 年までの有期刑を言い渡すことが可能となりました。

2021 年改正の少年法では、特定少年を含め、20 歳未満の少年に関する事件は、全事件を家庭裁判所に送致するという原則は維持されました。しかし、特定少年に関しては内容によって、成人犯罪者と同様の取り扱いをするという厳しい改正となりました。

【ワーク①】調べて書いてみよう！

近年、**表12-2**（p.121）で示した犯罪の種類の中には、その他として特殊詐欺（オレオレ詐欺、架空請求詐欺等）が挙げられます。少年が犯罪にどのように関わり、逮捕されるのか。また、他にはどのような内容で少年が検挙されているのか、調べて書いてみましょう。

第2節　社会的適応と社会参加に関わる問題

1 »»» 不登校とひきこもり

（1）不登校の定義と現状

文部科学省は不登校を「相当の期間学校を欠席する児童生徒であって、学校における集団

の生活に関する心理的な負担その他の事由のために就学が困難である状況として文部科学大臣が定める状況にあると認められるもの」と定義しています。ひきこもりの対象は成人を含む15歳以上であるのに対し、不登校は学校に通うまでの児童や生徒までが対象となります。

不登校児童の生徒の現状（文部科学省、2023）を見ると、1990年から2000年まで増加した後、あまり大きな増減はありませんでした。しかし、2012年以降微増し始め、2020年以降急激に増加しました。2022年現在、小学生の1.7％（約58.9人に一人）、中学生の6.0％（約16.7人に一人）が不登校とされています。不登校の主な要因としては「無気力・不安」（51.8％）、「生活リズムの乱れ、あそび、非行」（11.4％）、「いじめを除く友人関係をめぐる問題」（9.2％）、「親子の関わり方」（7.4％）、学業の不振（4.9％）等が挙げられます。

2020年以降の不登校の急増理由として、コロナ禍による一斉休校や新型コロナウイルス感染回避も挙げられますが、コロナ禍での生活リズムの乱れや休むことへの抵抗感の薄れ、活動制限が続いて交友関係が築けないことに伴う登校意欲の低下など、生活環境の大きな変化が多くの子どもの心身に不調を来したと考えられます。

（2）ひきこもりの定義と現状

ひきこもりの定義は年齢やその人の置かれている家庭環境、心理状況等様々な要因が影響しているため、必ずしも一貫していません。しかし、厚生労働科学研究費補助金こころの健康科学研究事業（2007）では、「様々な要因の結果として、就学や就労、交遊などの社会的参加を避けて、原則的には6か月以上にわたって概ね家庭にとどまり続けている状態（他者と交わらない形での外出をしている場合も含む）」としています。また、内閣府（2023）の「こども・若者の意識と生活に関する調査」では、「普段どのくらい外出しますか」という質問に対し、「①趣味の用事のときだけ外出する、②近所のコンビニなどには出かける、③自室からは出るが、家からは出ない、④自室からほとんど出ない」の回答のうち、②～④を選択した者を「狭義のひきこもり」、①を選択した者を「準ひきこもり」とし、それらをあわせて「広義のひきこもり」としています。

同調査では、回答が得られた全国の15～39歳7,035人、40～69歳5,214人の有効回答のうち、15歳～39歳で2.05％、40歳～64歳で2.97％が「広義のひきこもり」にあてはまるとし、同年齢の人口にあてはめると、全国で約146万人がひきこもりの状況であると推計しています。また「外出状況が現在の状態になった主な理由」について、15～39歳では「退職したこと」21.5％、「人間関係がうまくいかなかったこと」20.8％、「中学校時代の不登校」18.1％、「新型コロナウイルス感染症が流行したこと」18.1％、「学校になじめ

なかったこと」12.5％等が挙げられています。

野中（2023）は先行研究から、ひきこもりの特徴として「人間関係等の過去の経験から人との交流を避けたり、嫌な気持ちになりそうな場面を避ける人が多い」「自分を責めたり、自分に価値がないという思いを持つ人が多い」「心理的なストレスがかかっている人が多い」「対人関係困難や自殺率が高い」「ストレスがかかったときに、行動的にはあきらめるというコーピングを選択する人が多い」としています。

2 ≫≫≫ ひきこもり等の状態にある子ども・若者への支援

（1）地域若者サポートステーション

ひきこもりや不登校の状態にある若者は、その状態となった理由や背景が複雑に絡み合っていることから、支援のあり方も多方面からのアプローチが必要となります。

無業状態にある者への支援としては、厚生労働省が15～49歳までの若年無業者等が充実した職業生活を送り、我が国の将来を支える人材となるよう、全国に177か所ある委託支援機関「地域若者サポートステーション」において地方公共団体や民間企業と協働し、職業的自立に向けた専門的相談支援、就職後の定着・ステップアップ支援、若年無業者等集中訓練プログラム等を実施しています。2022年の就職等の割合は73.2％で、多くの若者が就職や公的職業訓練へと進路を決めています。

また当機関では、コミュニケーション講座、ジョブトレ（若者に提供する就労基礎訓練プログラム）、ビジネスマナー講座、就活セミナー（面接・履歴書指導等）、集中訓練プログラム（合宿形式を含む生活面等のサポートと職場体験実習、資格取得支援等）、パソコン講座・WORK FIT・アウトリーチ支援といった様々な就労支援を無料で受けることができます。

（2）ひきこもり地域支援センター

ひきこもりに特化した相談窓口としては、社会福祉士、精神保健福祉士、公認心理師等の資格を持つひきこもり支援コーディネーターが中心となって、地域における保健・医療・福祉・教育・雇用といった分野の関係機関と連携を図る「ひきこもり地域支援センター」が設置されています。当施設は2018年4月までに全ての都道府県及び指定都市（67自治体）に設置されており、2022年度からはより住民に身近なところで相談ができ、支援が受けられる環境づくりを目指して、設置主体（居場所支援や相談窓口）を市町村に拡充しました。

（3）ひきこもり支援ステーション事業

　2022年度より新たに、相談支援事業、居場所づくり事業、連絡協議会・ネットワークづくり事業を実施する「ひきこもり支援ステーション事業」が開始されました。本事業は、各市町村の実情に応じた個別の任意事業を実施することができます。また、従来から実施していた「ひきこもりサポート事業」では、ひきこもり支援の導入として8つのメニュー（相談支援、居場所づくり、連絡協議会・ネットワークづくり、当事者会・家族会開催事業、住民向け講演会・研修会開催事業、サポーター派遣・養成事業、民間団体との連携事業、実態把握調査事業）の中から地域の特性に合わせて任意に事業を選択することができます（**図12-2**）。

図12-2　ひきこもり支援施策の全体像

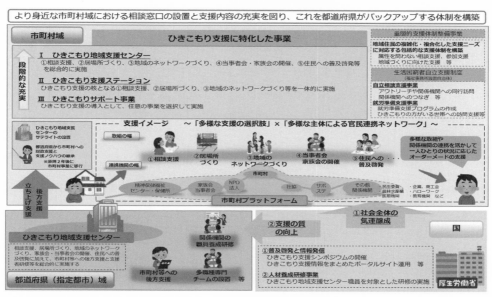

出典：厚生労働省ホームページ「福祉・介護ひきこもり支援推進事業」

（4）不登校支援

　文部科学省（2021）は「不登校児童生徒への支援の在り方について（通知）」をまとめ、支援の視点として「不登校児童生徒への支援は、『学校に登校する』という結果のみを目標にするのではなく、児童生徒が自らの進路を主体的に捉えて、社会的に自立することを目指す必要があること。また、児童生徒によっては、不登校の時期が休養や自分を見つめ直す等の積極的な意味を持つことがある一方で、学業の遅れや進路選択上の不利益や社会的自立へのリスクが存在することに留意すること。」としています。学内での取組みとしては、①「児童生徒理解・支援シート」を活用した組織的・計画的支援、②不登校が生じない学校づくり、

③不登校児童生徒に対する効果的な支援の充実、④不登校児童生徒に対する多様な教育機会の確保、⑤中学校等卒業後の支援を挙げています。

　また、学校での相談先としては、スクールカウンセラーやスクールソーシャルワーカーを活用することができますが、学校外では教育委員会が設置している教育支援センター（適応指導教室）、都道府県や市区町村が設置する教育相談所（教育相談室）、地域の子ども家庭福祉の様々な相談に応じる児童家庭支援センター、都道府県や政令指定都市に設置されている児童相談所、地域住民からの心の健康に関する相談に応じ支援を行う精神保健福祉センター、民間が運営するフリースクール等があります。

【ワーク②】調べて書いてみよう！

> ひきこもり経験者の社会参加の事例集や、不登校生徒への効果的な支援事例について、インターネットにアクセスし、どのような原因がひきこもりや不登校につながるのか調べてまとめてみましょう。

【参考文献】

「令和4年中における少年の補導及び保護の概況」（PDF）警察庁生活安全局人身安全・少年課

法務省ホームページ「令和5年版犯罪白書」（PDF）「第3編　少年非行の動向と非行少年の処遇」p.127

裁判所ホームページ

厚生労働省ホームページ「福祉・介護ひきこもり支援推進事業

石川正興「日本における非行少年に対する法的対応システム」『早稲田大学社会安全政策研究所紀要』第1号、pp.271-291、2009年

柑本美和「少年法と児童福祉法──触法少年の処遇をめぐって──」『立教法務研究』第9号、pp.201-232、2016年

厚生労働科学研究成果データベース「思春期のひきこもりをもたらす精神科疾患の実態把握と精神医学的治療・援助システムの構築に関する研究」2007年

国立障害者リハビリテーションセンターホームページ：平成27年度「若者の生活に関する調査報告書」

こども家庭庁Web：若者の生活に関する調査「令和4年度　こども・若者の意識と生活に関する調査」（PDF）（令和5年3月）

野中俊介「ひきこもりの現状と支援」『東京家政大学附属　臨床相談センター紀要』第23集、2023年

文部科学省ホームページ：児童生徒の問題行動・不登校等生徒指導上の諸課題に関する調査「令和4年度児童生徒の問題行動・不登校等生徒指導上の諸課題に関する調査結果」（PDF）

文部科学省ホームページ：義務教育の段階における普通教育に相当する教育の機会の確保等に関する法律の公布について（通知）

文部科学省ホームページ「不登校児童生徒への支援の在り方について（通知）」令和元年10月25日

[大村海太]

第13章

ひとり親家庭への支援とDVへの対応

第1節　ひとり親家庭の現状と支援策

1»»» ひとり親とは

　ひとり親とは、「母子家庭」「父子家庭」のことを指しています。「母子及び父子並びに寡婦福祉法」第6条第1項「配偶者のない女子」第2項「配偶者のない男子」が規定され、ひとり親家庭の親は主に、配偶者と死別したが現に婚姻していない者及びこれに準ずる離婚をした者、配偶者の生死不明の者、配偶者から遺棄されている者、配偶者が海外にいるためその扶養を受けることができない者、配偶者が精神または身体の障害により長期にわたって労働能力を失っている者で、それぞれに準ずる者であり政令で定める者となっています。第4項には「寡婦」について、「配偶者のいない女子であつて、かつて配偶者のない女子として民法（明治29年法律第88号）第977条の規定により児童を扶養していたことのあるもの」と規定されています。

2»»» ひとり親家庭の現状

　令和3（2021）年度全国ひとり親世帯等調査（**表13-1**）では、母子世帯は119万5,000世帯（平成28年度調査123万2,000世帯）、父子世帯は14万9,000世帯（18万7,000世帯）となっており、平成28（2016）年度の同調査と比べるとそれぞれ実数は減少しています。ひとり親世帯になった理由は、「離婚」が母子世帯では79.5％、父子世帯では69.7％です。母子世帯になった理由として、離婚に次いで「未婚の母」が10.8％となっています。就労状況では、母子世帯86.3％、父子世帯88.1％が就労をしています。収入の状況は、母子世帯の母自身の平均年収は272万円（うち就労年収236万円）、父子世帯の父自身の平均年収は518万円（うち就労年収は498万円）です。就業している母子世帯のうち、正規の職員・従業員48.8％、自営業5.0％、パート・アルバイト等38.8％と、一般女性労働者と同様に非正規雇用の割合が高くなっています。父子世帯では、正規の職員・従業員69.9％、自営業14.8％、パート・アルバイト等4.9％であり、父子世帯の中にも就業が不安定な非正規雇用の世帯があり支援が必要となっています。母子世帯の8割強が就労しているにもかかわらず、稼働所得が低くなっています。生活保護の受給については、母子世帯は9.3％、父子世帯は5.1％です。養育費と親子交流の状況では、「養育費の取り決めをしている」離婚母子世帯46.7％、離婚父子世帯28.3％、「養育費を現在も受給している」離婚母子世帯28.1％、

離婚父子世帯8.7％、「親子交流の取り決めをしている」離婚母子世帯30.3％、離婚父子世帯31.4％、「親子交流を現在も行っている」離婚母子世帯30.2％、離婚父子世帯48.0％となっています。養育費についての取り決めをしている母子世帯、父子世帯でも養育費を継続的に受け取れる世帯の割合は低くなっています。

表13-1　母子世帯と父子世帯の状況

		母子世帯	父子世帯
1	世帯数	119.5万世帯 (123.2万世帯)	14.9万世帯 (18.7万世帯)
2	ひとり親世帯になった理由	離婚79.5% (79.5%) *[79.6%]*	離婚69.7% (75.6%) *[70.3%]*
		死別5.3% (8.0%) *[5.3%]*	死別21.3% (19.0%) *[21.1%]*
3	就業状況	86.3% (81.8%) *[86.3%]*	88.1% (85.4%) *[88.2%]*
	就業者のうち　正規の職員・従業員	48.8% (44.2%) *[49.0%]*	69.9% (68.2%) *[70.5%]*
	うち　自営業	5.0% (3.4%) *[4.8%]*	14.8% (18.2%) *[14.5%]*
	うち　パート・アルバイト等	38.8% (43.8%) *[38.7%]*	4.9% (6.4%) *[4.6%]*
4	平均年間収入 [母又は父自身の収入]	272万円 (243万円) *[273万円]*	518万円 (420万円) *[514万円]*
5	平均年間就労収入 [母又は父自身の就労収入]	236万円 (200万円) *[236万円]*	496万円 (398万円) *[492万円]*
6	平均年間収入 [同居親族を含む世帯全員の収入]	373万円 (348万円) *[375万円]*	606万円 (573万円) *[605万円]*

注：
1）令和3年度の調査結果は推計値であり、前回（平成28年度）の調査結果の構成割合との比較には留意が必要。
2）（　）内の値は、前回（平成28年度）調査結果を表している。（平成28年度調査は熊本県を除いたものである）
3）［　］内の値は、令和3年度の調査結果の実数値を表している。
4）「平均年間収入」及び「平均年間就労収入」は、令和2年の1年間の収入。
5）集計結果の構成割合については、原則として、「不詳」となる回答（無記入や誤記入等）がある場合は、分母となる総数に不詳数を含めて算出した値（比率）を表している。
出典：「令和3年度全国ひとり親世帯等調査」結果について（PDF）厚生労働省子ども家庭局家庭福祉課（令和5年1月）p.2をもとに筆者作成

3 ≫≫≫ ひとり親家庭に関連する法制度

　「母子家庭等自立支援対策大綱」は、子どものしあわせを第一に考えて、ひとり親家庭に対する「きめ細かな福祉サービスの展開」と母子家庭の母に対する「自立の支援」に主眼を置いた改革を実施するとして、2002年に策定されました。その際、離婚後等の生活の激変を緩和するために、母子家庭となった直後の支援を重点的に実施するとともに、就労による自立、子を監護しない親からの養育費の支払いの確保を重視するとしています。具体的施策は、①安心して子育てできるサービスと生活の場の整備、②母子家庭等の経済的自立のための就労支援、③子どものしあわせを第一に考えた養育費確保、④自立を支援する経済的支援

体制の整備、⑤国、地方公共団体による総合的な自立支援体制の整備を挙げています。この大綱の策定により、これまでの所得保障中心の支援は、ひとり親家庭の経済的な自立のための支援へと変わってきました。

「母子家庭等自立支援対策大綱」を起点に「母子及び寡婦福祉法」が一部改正され、法の対象を「母子家庭等及び寡婦」とし、父子家庭が初めて法の対象となりました。さらに「就業・自立に向けた総合的な支援」へと施策を強化し、「子育て・生活支援策」「就業支援策」「養育費の確保策」「経済的支援策」の4本柱により支援を推進しています。同法は2014年に「母子及び父子並びに寡婦福祉法」と改められました。

4 ≫≫≫ ひとり親家庭に対する支援

(1) 子育て・生活支援

①母子・父子自立支援員による相談支援

「母子及び父子並びに寡婦福祉法」に基づき主に福祉事務所に配置され、ひとり親家庭及び寡婦の生活の全般的な相談を受け、適切な支援（就業支援、子育て・生活支援、子どもへの支援、養育費の確保、経済的支援など）を組み合わせて紹介します。多様な相談をワンストップで受けられるように勧められています。

②ひとり親家庭等日常生活支援事業

ひとり親家庭及び寡婦が一時的に、生活援助や保育等のサービスが必要な場合（技能習得のための通学や就職活動、病気や事故、出産、看護、冠婚葬祭など）や、定期的に生活援助、保育等のサービスが必要な場合（就業上の理由により帰宅時間が遅くなる場合など）、家庭生活支援員を派遣し、乳幼児の保育、食事や身の回りの世話、生活必需品等の買い物などを支援します。

③ひとり親家庭等生活向上事業

ひとり親家庭は、子育てや家事、健康面などに様々な不安を抱えていることが多く、親の離婚や環境の変化などによって心理的な不安や学習面の課題に直面している子どもが多くいます。このような課題を抱えるひとり親家庭への支援として、相談支援事業、家計管理・生活支援講習会等事業、学習支援事業（高校受験のための学習支援や子どもの居場所づくりを含む）、情報交換事業、短期施設利用相談支援事業などがあります。

④子育て短期支援事業

疾病その他の理由により、保護者が家庭において児童を養育することが一時的に困難となった場合、児童福祉施設において一定期間養育・保護を行っています。短期間利用できる

短期入所生活援助（ショートステイ）事業と、保護者が仕事などで平日の帰宅時間が夜間になった場合や休日の勤務などに利用できる夜間養護等（トワイライトステイ）事業があり、ひとり親以外も利用することができます。

⑤ひとり親家庭住宅支援資金貸付

ひとり親家庭住宅支援資金貸付は、ひとり親家庭の親に対しひとり親家庭の親の自立の促進を目的としている貸付です。

（2）就業支援

①母子家庭等就業・自立支援事業

母子家庭の母及び父子家庭の父等（離婚前から当該事業による支援が必要な者も含む）に対し、就業相談から就業情報の提供等までの一貫した就業支援サービスや、養育費の取り決めなどに関する専門相談など、生活支援サービスを提供します。就業支援専門員が福祉事務所に配置され、母子・父子自立支援員とともに就業相談に応じています。

②母子・父子自立支援プログラム策定事業

福祉事務所等に自立支援プログラム策定員を配置し、児童扶養手当受給者等（児童扶養手当の受給が見込まれる者であって、離婚前から当該事業による支援が必要な者も含む）に対し、a. 個別に面接を実施し、b. 本人の生活状況、就業への意欲、資格取得への取組等について状況把握を行い、c. 個々のケースに応じた支援メニューを組み合わせた自立支援プログラムを策定し、d. プログラムに沿った支援状況をフォローするとともに、e. プログラム策定により自立した後も、生活状況や再支援の必要性を確認するためアフターケアを実施し、自立した状況を継続できるよう支援を行います。

③よりよい就業に向けた能力開発

高等職業訓練促進給付金を支給する事業は、就職を容易にするために必要な資格の取得を促進するため、養成訓練の受講期間について給付金を支給し、生活の負担の軽減を図り、資格取得を容易にすることを目的としています。また、ひとり親家庭高等学校卒業程度認定試験合格支援事業は、ひとり親家庭の学び直しを支援することで、より良い条件での就職や転職に向けた可能性を広げ、正規雇用を中心とした就業につなげていくことが目的です。ひとり親家庭の親または児童が、高等学校卒業程度認定試験合格のための講座を受講する場合に、その費用の一部を支給します。

④雇用対策

子育て中の女性等に対する就業支援サービスの提供を行う支援として、ハローワークによ

る支援、マザーズハローワーク事業、生活保護受給者等就労自立促進事業、職業訓練の実施、求職者支援事業などがあります。

（3）養育費の確保―養育費支援事業と面会交流事業

養育費は、「母子及び父子並びに寡婦福祉法」に養育費支払いの責務等が明記された子どもと別居する親が負担する子どもの生活費用です。子どもと同居する親が、別居する親に請求できます。2007年度には、養育費相談にあたる人材養成のための研修等を行う「養育費相談支援センター」が創設されました。養育費取得等の取り決めや支払いの履行などに関する相談、家庭裁判所等への同行などの支援、面会交流に向けた相談、情報提供は、同センターや母子・父子自立支援員、弁護士会などで行っています。

（4）経済的支援
①児童扶養手当

児童扶養手当は、1961年に制定された児童扶養手当法に依拠し、離婚によるひとり親世帯等、父又は母と生計を同じくしていない児童が育成される家庭の生活の安定と自立の促進に寄与するため、当該児童について児童扶養手当を支給し、児童の福祉の増進を図ることを目的としています。

支給対象は、18歳に達する日以後の最初の3月31日までの間にある児童（児童に政令で定める障害のある場合は20歳未満）を監護する母、監護し、かつ生計を同じくする父又は養育する者（祖父母等）です。2010年より父子家庭も支給の対象となりました。2012年には、配偶者からの暴力（DV：Domestic Violence）で「裁判所からの保護命令」が出た場合も、支給の対象になっています。支給要件は、父母が婚姻を解消した児童、父又は母が死亡した児童、父又は母が一定程度の障害の状態にある児童、父又は母の生死が明らかでない児童等を監護していること等です。

②母子福祉資金・父子福祉資金・寡婦福祉資金貸付金

母子福祉資金・父子福祉資金・寡婦福祉資金貸付金は、「母子及び父子並びに寡婦福祉法」に基づき、ひとり親家庭（20歳未満の者を扶養している家庭）及び寡婦（配偶者のない女子で、かつて配偶者のない女子として児童を扶養していたことのある者）の経済的自立を図るために必要な資金（児童の進学、親自身の技能習得や転宅など）を貸し付ける制度です。ひとり親家庭、寡婦（寡父）家庭が都道府県などから資金を借りることができる制度です。貸付の種類は、事業開始資金、事業継続資金、修学資金、修業資金、就職支度資金、医療介護資金、生活資

金、住宅資金、転宅資金、就学支度資金、結婚資金の 12 種類あります。

2014 年の「母子及び寡婦福祉法」の一部改正により、父子福祉資金が創設されました。

③遺族基礎年金・遺族厚生年金

死別のひとり親家庭が受給できる年金として、国民年金制度の遺族基礎年金と厚生年金制度における遺族厚生年金があります。国民年金加入者が死亡した時に、「その者によって生計維持されていた子（18 歳になった年度の 3 月 31 日までにある子、または 20 歳未満の政令で定める障害のある子）のいる配偶者」、または「子」に遺族基礎年金が支給されます。2014年度から父子家庭も支給の対象となりました。遺族厚生年金は、夫の受給には、妻の死亡時に夫が 55 歳以上であるという受給要件があります。

④税制上の措置

税制上の措置として、ひとり親家庭、寡婦（寡父）家庭に対して、所得税、地方税の控除などがあります。

⑤施設等による支援

母子生活支援施設（児童福祉法第 23 条）は、母子家庭に対する生活支援、就労支援、施設内保育などを通し、母子家庭が安心して生活できる環境を整え自立を支援する施設です。配偶者からの暴力などに対するシェルターとしての役割も果たしています。

母子・父子福祉施設として、母子及び父子並びに寡婦福祉法で母子・父子福祉センターと母子休養ホームがあります。

5»»» ひとり親家庭支援について

ひとり親家庭は、子育てと就労を親ひとりで担わなくてはなりません。母子家庭の約86％の母が就労しているにも関わらず、厳しい経済状況の中で生活をしている母子家庭は多く存在しています。母子家庭は、ワンオペレーションの子育て・家事、男女の賃金格差や雇用形態の不安定さ、離婚の理由にもなっているドメスティック・バイオレンスなどが問題として挙げられ、生活や健康面の不安定さを招いています。父子家庭は、厳しい経済状況に置かれている家庭も少なくないなか、ひとり親の経済支援対象となったのは最近のことでもあります。また、性別役割分担が残る生活の中で、子育てや家事に触れてこなかった父親も多く存在していることでしょう。これからの課題として、ジェンダー平等の実現やひとり親家庭に対して、それぞれの家庭のニーズに合わせた支援が求められています。

子どもの年齢（乳幼児・小学生・中高生）を選び、1. ひとり親家庭のニーズ、2. そのニーズに対してどのような支援（サービス）があるのか調べてみましょう。

1. ひとり親家庭のニーズ

2. 「ひとり親家庭のニーズ」に対応する支援（サービス）

第2節　ドメスティック・バイオレンス（DV）への対応と新たな女性支援根拠法

1 ≫≫≫ ドメスティック・バイオレンスとは

　ドメスティック・バイオレンス（以下、DV）は、日本では「配偶者や恋人など親密な関係にある、又は配偶者や恋人であった者から振るわれる暴力」という意味で使用されています。家庭内の暴力として、被害者にも子どもにも大きな影響を与えます。配偶者からの暴力は重大な人権侵害であり、多くの場合は女性が被害者になっています。個人の尊厳を害し、男女平等の妨げともなっています。

2 ≫≫≫ 「配偶者からの暴力の防止及び被害者の保護等に関する法律」（DV防止法）

（1）目的と対象

　配偶者からの暴力を防止し、被害者の保護等を図ることを目的として2001年に制定された「配偶者からの暴力の防止及び被害者の保護等に関する法律」は、配偶者からの暴力と交際相手からの暴力を対象としています。配偶者とは、事実婚を含み男女を問わず、離婚後も対象とされます。また、交際相手からのDVを「デートDV」と言います。

（2）暴力の種類

身体的暴力は、殴ったり蹴ったりするなど、直接何らかの有形力を行使するものです。

精神的暴力は、心ない言動等により、相手の心を傷つけるものです。精神的な暴力については結果として、PTSD（Post Traumatic Stress Disorder：心的外傷後ストレス障害）に至るなど、刑法上の傷害とみなされるほどの精神障害に至ることもあります。また、生活費を渡さない、もしくは仕事を制限するといった行為は、経済的暴力と分類されることもあります。性的暴力は、嫌がっているのに性的行為を強要する、中絶を強要する、避妊に協力しないといったものです。夫婦間の性交であっても、不同意性交等罪にあたる場合があります。

（3）通報・相談・一時保護

DV防止法に基づく相談機関として、配偶者暴力相談支援センターが設置されています。多くは都道府県に設置されている婦人相談所（2024年4月「女性相談支援センター」に名称変更）が、その機能を果たしています。

（4）保護命令

被害者の申し立てにより、裁判所が加害者に対して発する命令として、接近禁止命令、退去命令、電話等禁止命令があります。

（5）その他

配偶者からの暴力を受けている者を発見した人は、その旨を配偶者暴力相談支援センター、警察に通報するよう努めることとなっています。また、医師その他の医療関係者が、配偶者からの暴力によるケガなどを見つけたときは、配偶者暴力相談支援センター、警察に通報できることとなっています。ただし、被害者本人の意思は尊重されます。

3 »»» ドメスティック・バイオレンスの子どもへの影響

DVのある家庭では、配偶者への暴力とさらに子どもへの暴力が生じている場合があります。また、暴力を目撃すること自体が子どもの心身に影響をもたらします。暴力から避難するために家を出た場合は、子どものこれまでの生活環境や友人関係が絶たれ、匿名を使用しなければならないこともあります。児童虐待防止法では、子どもがDVを目撃すること（面前DV）も児童虐待にあたると明記されています。2019年のDV防止法の改正では、児童虐

待とDVの被害者の適切な保護が行われるよう、相互に連携・協力すべき関係機関として児童相談所が明記されています。

4»»» 困難な問題を抱える女性への支援に関する法律

　DVや性被害、貧困など、複雑化、多様化、複合化した女性をめぐる課題に対応するために、新たな女性支援の根拠法として2022年に「困難な問題を抱える女性への支援に関する法律」が制定されました（2024年4月施行）。女性が日常生活又は社会生活を営むにあたり、女性であることにより様々な困難な問題に直面することが多く、これまでの女性支援の根拠法である1956年に制定された「売春防止法」では、対応が難しくなっていました。新法では、「女性の福祉」「人権の尊重や擁護」「男女平等」という視点を明確に規定しています。また「女性相談支援センター」の設置が都道府県に義務付けられ、相談対応や一時保護を行います。売春防止法で定められた「婦人相談所」「婦人相談員」「婦人保護施設」は、それぞれ「女性相談支援センター」「女性相談支援員」「女性自立支援施設」となり「民間団体と協働」し、アウトリーチを活用しながら、きめ細やかに "SOS" のサインを発見し支援につなげていくことが想定されています。

【ワーク②】調べて書いてみよう！

　新聞やニュースなどから、女性をめぐる課題について調べて書いてみましょう。

【参考文献】
「令和3年度全国ひとり親世帯等調査」結果について（PDF）厚生労働省子ども家庭局家庭福祉課（令和5年1月）p.2
仲本美央『押さえておきたい 児童福祉・子ども子育て支援』（シリーズ 今日から福祉職）ぎょうせい、2022年
金川めぐみ『ひとり親家庭はなぜ困窮するのか　戦後福祉法制から権利保障実現を考える』法律文化社、2023年
ピート・ウォリス『犯罪被害を受けた子どものための支援ガイド　子どもと関わるすべての大人のために』金剛出版、2016年
増井香名子『DV被害からの離脱・回復を支援する　被害者の「語り」にみる経験プロセス』ミネルヴァ書房、2019年
「資料 こどもの貧困対策・ひとり親家庭支援の現状について」（PDF）
内閣府男女共同参画局ホームページ

[耕田昭子]

第 **14** 章

子どもの貧困問題への支援

第1節　子どもの貧困とはなにか

1 ≫≫≫ 子どもの貧困と相対的貧困

「子どもの貧困」については2008〜2009年にかけてメディアなどで大きく取り上げられましたが、それまで社会で注目されてきませんでした。国は相対的貧困率を公表し、子どもの貧困率が15.7％（2009年）であることに衝撃を受けて、関心を寄せる人々が徐々に増える契機となりました。子どもの貧困は子どもの権利を剥奪することになり、教育や健康、就労機会等に格差を引き起こし、不利な状況が生涯にわたり経済面、身体面、心理面へ影響を及ぼします。国は2013年に「子どもの貧困対策の推進に関する法律」（略称、子どもの貧困対策推進法）を制定しました。

貧困の概念には「絶対的貧困」と「相対的貧困」の2つがあります。絶対的貧困は人間が生きていくために必要最低限度の生活水準を満たしていないこと、また世界銀行の定義では「1日1.90米ドル未満で生活する人々」を指しています。一方、相対的貧困は貧困線より低い所得しかないことであり、厚生労働省は相対的貧困率を算出する方法としてOECD（Organisation for Economic Co-operation and Development：経済協力開発機構）の作成基準に基づき、「貧困線とは、等価可処分所得（収入から税金・社会保険料等を除いたいわゆる手取り収入）を世帯人員の平方根で割って調整した所得の中央値の半分の額」としています。「子どもの貧困」は相対的貧困であり、育つ家庭の経済的困窮により地域社会で不利な状況に置かれていることを示しますが、国は明確な定義を示していません。子どもの貧困は社会的要因が絡んでいる解決すべき課題です。

世界的にみても子どもの貧困問題は存在します。日本の相対的貧困率は高く、子どもの貧困率も同様です（図14-1）。相対的貧困率は発展途上国の問題であると捉えがちですが、日本が抱える問題だけではなく、アメリカ等の先進国でも同様の問題を抱えており、社会格差が広がっていると推測されます。

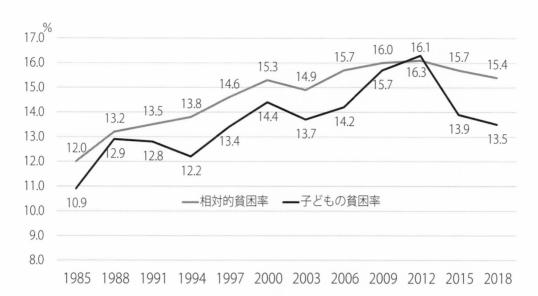

図 14-1　貧困率の年次推移

注：
1）1994年の数値は、兵庫県を除いたものである。
2）2015年の数値は、熊本県を除いたものである。
3）2018年の「新基準」は、2015年に改訂されたOECDの所得定義の新たな基準で、従来の可処分所得からさらに「自動車税・軽自動車税・自動車重量税」、「企業年金の掛金」及び「仕送り額」を差し引いたものである。
4）貧困率は、OECDの作成基準に基づいて算出している。
5）大人とは18歳以上の者、子どもとは17歳以下の者をいい、現役世帯とは世帯主が18歳以上65歳未満の世帯をいう。
6）等価可処分所得金額不詳の世帯員は除く。

出典：厚生労働省ホームページ「2019 年　国民生活基礎調査の概況」

2≫≫≫ 生活困窮世帯の状況

　子どもの貧困は親世代の困窮と深く関連しています。子どもの生活の拠点は家庭であり、親の収入が低ければ、子どもに十分なお金をかけることができなくなります。2010 年から高等学校教育の無償化が開始され、さらに 2019 年から幼児教育・保育も無償化（一部制限あり）になりましたが、保育料や授業料が無償になっても、食費、被服費、学用品費、部活代などの費用は家計から捻出しなければなりません。特に新型コロナウイルスの感染状況が拡大した時期には、親の収入が減少あるいは失業、倒産など収入が断たれる家庭もありました。

　どのような世帯が生活困窮に陥るのかをみると、「国民生活基礎調査」の報告書によると、2021 年の貧困線は 127 万円であり、相対的貧困率は 15.4％、子ども（17 歳以下）の貧困率は 11.5％です。その内訳をみると、「大人が 1 人」（ひとり親世帯）では 44.5％、「大人が 2 人以上」（両親がいる世帯等）では 8.6％となっており、ひとり親世帯の所得の低さが子どもの貧困と関連していることは明らかです。

1. 諸外国の子どもの貧困問題について調べ、日本と共通する問題点や異なる点について注目し、その国独自の事情に基づく支援方法などをまとめましょう。

2. 各自調べた内容についてグループディスカッションをしましょう。印象に残った意見や話し合った感想を書きましょう。

第2節　貧困が子どもにもたらす影響

1≫≫ 子育て家庭と地域社会

　核家族化が主流である現在、地域社会の希薄化により子育て家庭は孤立しています。共働き家庭が当たり前になり、働いている母親は妊娠・出産を経て、育児休業を取得し地域社会で過ごす時間が増えますが、子育ての悩み・不安を抱えながら生活しています。生活困窮世帯、特にひとり親世帯の場合、子どもにかける経済的余裕がないため、玩具や衣服、学校で必要な文具・教材等を買えない、部活費用を捻出できない、高等教育への進学を諦めるなど、子どもの希望や自己実現を叶えることが困難な状況になります。

　心理的・身体的な面においても同様です。親族関係や近隣住民との関係の希薄化により、病気や事故等が起こった時に緊急に助けを求めることができないこともあります。三世代世帯では子育てを一緒に担う人がいることで、親の心理的・身体的負担を減少し、身近な支援があることが安心感につながります。

子どもが育つ過程において親以外の大人と関わることは大切です。親が生計を維持するために働くことに必死となり、地域社会とのつながりを持つ時間的余裕もなく、子どもの日常生活に目が行き届かなくなります。子ども時代に経験させたい様々なイベント、家族旅行やスポーツ、季節の行事、物づくり体験などへの参加が見送られることがあり、子どもの将来にわたる成長の機会を狭めてしまう可能性があります。他者との交流は人間関係の幅を広げる有意義な機会となります。子ども時代から家族以外の人と関わることを通して、成長過程で悩むことがあった時に誰か身近な人に相談することのハードルが低くなり、問題が大きくなる前に状況の改善につながる可能性となることがあります。

2»»» 子どもとその家庭に関する調査からわかること

子育て家庭に関する実態調査が各自治体で実施されています。ここでは子どもの貧困と子育て家庭の生活実態からみえる貧困との関連性について、2つの実態調査を取り上げていきます。1つは首都大学東京子ども・若者貧困研究センターが行った東京都受託事業の「子供の生活実態調査」(2016 年)と、もう1つは北海道、札幌市との共同で北海道大学・札幌学院大学が北海道内で実施した北海道・札幌市の「子どもと家族の生活実態調査」です。いずれの調査も子育て家庭と子どもを対象にした調査で、生活困窮世帯のみを対象に調査したのではありません。これらの調査の分析結果から子どもと家族の貧困実態や子どもの課題など、リスク要因を知ることができ、今後の施策に反映することができます。

東京都の調査では、都内の4自治体に在住する小学校5年生、中学校2年生、16・17歳の子ども本人とその保護者を対象に行いました。生活困難度別に、困窮層、周辺層、一般層と3層に分類しています。調査結果から、困窮層にみられる特徴として、①貧困の連鎖について、困窮層の約4割は、親世代が子ども期に貧困の中で育った人であり「貧困の連鎖」が見られる、DV 経験率が高い、自分の子どもに暴力をふるう、育児放棄、虐待をしているのではと悩んだ経験が高い。②教育については、ひとり親世帯はふたり親世帯よりも全日制・普通科高校に進学する割合が低くなる、子ども・保護者ともに大学進学希望は低い傾向にある、③健康・食生活については、母親の子ども期の貧困経験と関連があり、食生活に問題を抱えている子どもが多い、④不登校傾向のある子どもについては、困窮層の子どもの割合が高い、⑤子どもの食生活については、困窮層の子どもは週1回以上夕食がコンビニ食、ファストフードが多く、野菜摂取が少ない傾向にある、⑥高校生の就労については、アルバイトをして生活費を家計に入れている率が高い、⑦母子世帯等の母親の就労状況については、困

第 14 章

窮層の母親の学歴は高校以下が約４割で非正規雇用が多いなどがわかります。

　北海道・札幌市の調査は、小５、中２、高２の子どもとその保護者に、加えて２歳、５歳、小２の子どもの保護者を合わせて約３万人を対象に行い、所得階層区分は低所得層Ⅰ、低所得層Ⅱ、中間所得層Ⅰ、中間所得層Ⅱ、上位所得層の５区分としています。厚生労働省の貧困率の推計基準に従い、３人世帯で税込み世帯年収が243万円未満を低所得層Ⅰとし、低所得層Ⅱは340万2,000円未満としています。調査結果からわかった生活困窮世帯に関する主な点をあげると、①健康について、低所得層ほど子どもも保護者も「健康ではない」と回答する率が高く、保護者が必要な医療受診を控えている、②子どものくらしについて、低所得層ほど習い事や塾など学校以外の教育活動の利用が少ない、中高生の子どもが「お金がかかる」「アルバイトがある」との回答率が高い、③学びについて、成績の自己認知は低所得層の子どもが「悪い」「やや悪い」との回答が多くなる傾向にある、③進学について、低所得層の子どもは短大・専門学校への進学が減り、高校までとの回答率が高く、また保護者は進学資金に関して、「金銭的めどが立っていない」の回答が高い、④各種制度の相談利用について、低所得層では「生活保護」利用は約１割、「保健師に相談したことがある・している」の回答が約３割となり、「スクールカウンセラー、スクールソーシャルワーカー」の相談利用が少ないなどがわかりました。さらに、低所得層１の特徴として、４割が母子世帯で稼得と子育てを１人で担っている、半数は貯金がなく不意の出費や病気への対応が難しい、働いていても低賃金のため相対的貧困線に達していない、生活保護制度から排除されてナショナルミニマムの保障がされていない、社会的不利に直面する層であり、子育て世帯の１割が属しているとしています。

　２つの生活実態調査から、低所得層における子育て家庭の貧困状態が子どもの貧困につながっていることや、憲法第25条に定められている「健康で文化的な生活」を享受できていないことがわかります。保護者の経済力、所得等が、子どもの教育や活動、健康、食生活など広範囲にわたり影響を及ぼすことが明らかです。

居住する自治体の「子どもと家族の生活実態調査」を調べてみましょう。居住する自治体で該当する調査を実施していない場合は、他の自治体を選んで調べて、子どもの貧困の実態をまとめてみましょう（自治体により調査の名称は異なります）。

第3節　子どもの貧困対策

1≫≫≫ 子どもの貧困に関係する法制度

（1）子ども・若者育成支援推進法

2009年7月に「子ども・若者育成支援推進法」が制定されました。社会背景として、子どもや若者を取り巻く環境の悪化や有害情報の氾濫、ニート、ひきこもり、不登校、発達障害等の問題が深刻となり、従来行ってきた縦割り的対応では限界が出てきました。そこで子どもや若者育成支援施策の総合的に推進していく枠組みを整備し、困難を抱える子ども・若者が地域における社会生活を円滑に営むことができるようなネットワークの基盤整備に着手しました。基本理念として、一人ひとりの子ども・若者の健全な成長、自立した個人としての自己の確立、意見尊重など、最善の利益が考慮されるとしています。

国は「子ども・若者育成支援推進大綱」を策定し、相談窓口として「子ども・若者総合相談センター」を設置し、地方公共団体は都道府県、市町村子ども・若者計画の策定を努力義務としています。第3次の大綱ではヤングケアラー問題、特別支援教育、日本語指導が必要な者の増加、ネット空間における犯罪被害、誹謗中傷等の深刻な問題、ニートの増加など、それらの問題に対応して多様なデータを有効活用するとしています。現在この大綱は「こども大綱」に一元化されて進められています。

（2）子どもの貧困対策の推進に関する法律

「子どもの貧困対策の推進に関する法律」（略称、子どもの貧困対策推進法）は2013年に制定されました。本法の目的と基本理念は次頁の通りです。

第14章

子どもの貧困対策の推進に関する法律
　（目的）
第一条　この法律は、子どもの現在及び将来がその生まれ育った環境によって左右されること
　のないよう、全ての子どもが心身ともに健やかに育成され、及びその教育の機会均等が保障
　され、子ども一人一人が夢や希望を持つことができるようにするため、子どもの貧困の解消
　に向けて、児童の権利に関する条約の精神にのっとり、子どもの貧困対策に関し、基本理念
　を定め、国等の責務を明らかにし、及び子どもの貧困対策の基本となる事項を定めることに
　より、子どもの貧困対策を総合的に推進することを目的とする。

　（基本理念）
第二条　子どもの貧困対策は、社会のあらゆる分野において、子どもの年齢及び発達の程度に
　応じて、その意見が尊重され、その最善の利益が優先して考慮され、子どもが心身ともに健
　やかに育成されることを旨として、推進されなければならない。
　二　子どもの貧困対策は、子ども等に対する教育の支援、生活の安定に資するための支援、
　　職業生活の安定と向上に資するための就労の支援、経済的支援等の施策を、子どもの現在
　　及び将来がその生まれ育った環境によって左右されることのない社会を実現することを旨
　　として、子ども等の生活及び取り巻く環境の状況に応じて包括的かつ早期に講ずることに
　　より、推進されなければならない。
　三　子どもの貧困対策は、子どもの貧困の背景に様々な社会的な要因があることを踏まえ、
　　推進されなければならない。
　四　子どもの貧困対策は、国及び地方公共団体の関係機関相互の密接な連携の下に、関連分
　　野における総合的な取組として行われなければならない。

　国は「子供の貧困対策に関する大綱」（2019年11月29日閣議決定）を定め、これに従っ
て都道府県は計画を策定するよう努め、国民はこれに協力するとしています。子どもに対し
ては教育支援策を施し、貧困状況にある子どもと保護者に対して経済的支援や就労支援を行
うこととしています。大綱は、「現在から将来にわたり、全ての子供が夢や希望を持てる社
会を目指す」とし、基本的方針として、①親の妊娠・出産期から子どもの社会的自立までの
切れ目のない支援、②支援が届かない又は届きにくい子ども・家庭への配慮、③公共団体に
よる取り組み充実の3つをあげています。さらにひとり親への支援が重要と捉えています。

　近年創設されたこども家庭庁でも「こども政策審議会」（こども基本法第17条）の前段階
である「こども政策推進に係る有識者会議」を2021年11月に開催し、"こどもの貧困対策"
として「こどもの現在と将来が生まれ育った環境によって左右されることがないよう貧困の
連鎖を断ち切ることは、将来の社会福祉費用の増加を抑制し、社会に貢献する人材を育成す
ることにもつながる」とし、教育の機会均等を進めていく支援、生活の安定のための支援、
保護者の就労支援、経済的支援を進めています。子どもの貧困対策事業は2023年4月1日
からこども家庭庁に引き継がれ、「子供の貧困対策に関する大綱」は「こども大綱」に組み
込まれています。

（3）生活困窮者自立支援法

2013年12月制定の「生活困窮者自立支援法」による生活困窮者自立支援制度は、経済的に困窮して生活保護を受給するには至らないが、最低限度の生活を維持していくのが困難な場合に利用することができます。法の目的は、「生活困窮者支援事業の実施、生活困窮者住居確保給付金の支給その他の生活困窮者に対する自立支援に関する措置を講ずることにより、生活困窮者の自立の促進を図る」としています。「生活困窮者」の定義は、「就労の状況、心身の状況、地域社会との関係性その他の事情により、現に経済的に困窮し、最低限の生活を維持することができなくなるおそれのある者」としています。この制度は生活保護を受給する前に利用して、経済的自立ができるよう支援を行うことです。

子どもの貧困との関連では、生活困窮家庭の養育相談に応じ学び直しの機会提供や学習支援を行い、保護者等の状態に応じて、就労に向けた支援を行うことで「貧困の連鎖」を防止しようとしています。

2»»» 貧困防止についての取り組み

（1）子どもの学習支援と食の提供

生活困窮世帯の子どもへの学習支援は、生活保護制度や生活困窮者自立支援制度の学習支援事業として、集合型や委託型、訪問型など多様な形態、町営や委託型などの運営主体で実施されています。政令都市や中核市、大都市、中都市などの様々な規模で各自治体が直接運営する形態や社会福祉協議会が運営する、あるいは民間に委託して行う学習支援プログラムなどがあります。実施体制は責任者、学習・生活支援コーディネーター、学習支援専門員などを配置しています。生活困窮家庭の子どもにとって、高校卒業が1つの目安であり、高等教育機関への進学を目指し、諦めずに継続して勉強を続けられるような支援が必要です。さらに、高校中退者へは高等学校卒業程度認定試験に合格するよう支援するなど、切れ目のない学習支援により将来の自立につなげる包括的支援を展開しています。

また身近な地域社会での団体やボランティア等による活動が広がり、ネットを通じて子どもの貧困を理解してもらい、寄付や活動に参加を募る手法が行われています。2012年から無料もしくは低額で食を提供する「子ども食堂」は、学習面だけでなく居場所づくりや子どもの栄養・健康面での確保、他者との交流・関係づくりにもなっています。

第14章

（2） ひとり親家庭等への生活・自立支援

　ひとり親家庭の所得は一般平均世帯所得と比較すると約半分と低いため、経済的に困窮している家庭が多いです。「ひとり親家庭・多子世帯等応援プロジェクト」において、自治体の相談窓口のワンストップ化をし、児童扶養手当や養育費の確保支援、学習支援・食事提供等の子どもの居場所づくりのほか、公的賃貸住宅や民間賃貸住宅等の住まいの確保提供など、ひとり親全力サポートキャンペーンを展開し、就職に有利な資格取得の支援やマザーズハローワークでの就労支援を行っています。

（3） 今後の課題

　子どもの貧困は社会的コストが高くなる問題があります。仮にある子どもが高校を中退して非正規雇用で働き、十分な生活費を得られず健康を害し、医療サービスや生活保護を受けなくてはならないことになったらどうなるでしょうか。本来高校を卒業して正規雇用で働いて税金を納める側から、国の給付によって受ける側になると、個人としても社会的にもコストがかかることになると、貧困研究者の阿部彩は懸念しています。子どもの貧困対策には、子育て家庭が安定して子どもを育てられるよう教育投資をし、医療サービスをさらに充実させていく必要があります。学習支援等を整備していくことは重要ですが、地域によって社会資源に格差があることから、子育て家庭の経済的安定化を図るとともに、地域社会で孤立しないような対策が求められます。子どもの支援のみを対象にする施策では貧困の連鎖を防止することは難しく、子育て家庭の生活の質を向上できるような全般的な支援のネットワークを構築することが望まれます。

【参考文献】
　厚生労働省ホームページ
　こども家庭庁 Web
　厚生労働省ホームページ：2022（令和4）年　国民生活基礎調査の概況
　日本財団ホームページ：子どもの貧困対策
　東京都受託事業「子供の生活実態調査」詳細分析報告書（PDF）　首都大学東京　子ども・若者貧困研究センター
　　（2018 年 3 月）
　阿部彩『子どもの貧困II――解決策を考える』（岩波新書）岩波書店、2014 年
　松本伊智朗編著『子どもと家族の貧困　学際的調査からみえてきたこと』法律文化社、2022 年
　『貧困研究』編集委員会編『貧困研究』Vol.24・『貧困研究』Vol.25、明石書店、2020 年

［髙玉和子］

第15章

子ども家庭福祉の未来と課題

第1節　子ども家庭福祉領域での新たな動き

1 >>> こども家庭庁

　2023年4月、「こども家庭庁」が創設されました。この組織は、子どもが自立した個人として等しく健やかに成長することのできる社会の実現に向け、子どもと家庭の福祉の増進、子どもの健やかな成長及び子どものある家庭における子育てに対する支援に力を入れて取り組み、子どもの権利利益の擁護をさらに推進するために、内閣府の外局として新たに独立した形で設置されるに至りました。

　子どもの問題は病気や障害など、発達や医療領域での課題、不登校やいじめなどの学校での課題、そして子育て困難や虐待、貧困問題などの福祉領域での課題など、幅広い領域で起きています。時にはひとりの子どもや保護者が、発達、子育て、不就学の問題を同時に抱えることも起きます。その一方で、対応機関が文部科学省による管轄である学校、厚生労働省の管轄である障害児支援機関と分かれていたため、支援の隙間からこぼれ落ちてしまう子どもや保護者がいることも課題とされてきました。こども家庭庁はこうした問題を解決し、子どもや子育てをしている人の声を今まで以上に聴きながら必要な施策を行うものです。

　さらにこども家庭庁では、子どもや若者が様々な方法で自分の意見を表明し、社会に参加するための声を聴く場として「こども若者★いけんぷらす」を設置するなど、子どもが自分たちの声を直接発信できる場を多く設定し、子どもの声を聴きながら施策の運用を進めることとしています。

2 >>> こども基本法

　こども基本法は、こども家庭庁の創設と同年の2023年4月に施行されました。「日本国憲法および児童の権利に関する条約の精神にのっとり、全てのこどもが、将来にわたって幸福な生活を送ることができる社会の実現を目指し、こども政策を総合的に推進すること」を目的としています。特筆すべき点は、子どもの健やかな成長発達を保障するという考えのほか、子どもの意見の尊重や社会参画について、より積極的に保障していく点を示したことです。法律の第3条では子どもの権利のあり方について、子どもは何を保障されるべきなのか、そのために社会がすべきことは何かについて具体的に示されています。

こども基本法

第三条　こども施策は、次に掲げる事項を基本理念として行われなければならない。

一　全てのこどもについて、個人として尊重され、その基本的人権が保障されるとともに、差別的取扱いを受けることがないようにすること。

二　全てのこどもについて、適切に養育されること、その生活を保障されること、愛され保護されること、その健やかな成長及び発達並びにその自立が図られることその他の福祉に係る権利が等しく保障されるとともに、教育基本法の精神にのっとり教育を受ける機会が等しく与えられること。

三　全てのこどもについて、その年齢及び発達の程度に応じて、自己に直接関係する全ての事項に関して意見を表明する機会及び多様な社会的活動に参画する機会が確保されること。

四　全てのこどもについて、その年齢及び発達の程度に応じて、その意見が尊重され、その最善の利益が優先して考慮されること。

五　こどもの養育については、家庭を基本として行われ、父母その他の保護者が第一義的責任を有するとの認識の下、これらの者に対してこどもの養育に関し十分な支援を行うとともに、家庭での養育が困難なこどもにはできる限り家庭と同様の養育環境を確保することにより、こどもが心身ともに健やかに育成されるようにすること。

六　家庭や子育てに夢を持ち、子育てに伴う喜びを実感できる社会環境を整備すること。

また「こども」の定義について「こどもが一定の年齢に達することで必要なサポートがとぎれることなく、それぞれの状況に応じて支えていく」という考えに基づき、「この法律において『こども』とは、心身の発達の過程にある者をいう」として、18歳や20歳という上限を設定していないことも今までの児童福祉関連法とは異なる点です。

【ワーク①】調べて書いてみよう！

1. こども基本法第3条を読み、この条文の中で特に良いと感じた部分、そう感じた理由について考えて書いてみましょう。

・良いと考えた条文（第　　　条）

・そう感じた理由

2．第3条の条文が実現されるために、保育士や社会福祉の専門職はどのようなことが
　求められると考えますか。あなたの考えを書き出してみましょう。

3 ≫≫≫ 新たな専門職資格の創設：こども家庭ソーシャルワーカー

　2023年、子ども家庭支援の専門職として、新たな資格「こども家庭ソーシャルワーカー」
がつくられました。

　こども家庭ソーシャルワーカーは、児童福祉領域での相談援助の経験者を対象にした新た
な認定資格です。資格を取得するためには、社会福祉士や精神保健福祉士などの有資格者で
あるか、4年以上子ども家庭福祉分野で相談援助をした実務経験者であるか、保育所の主任
保育士などで相談援助経験が4年以上あるなど複数のルートがあります。いずれの場合も指
定の研修を受け、試験に合格する必要があります。

　こども家庭ソーシャルワーカーが新たにつくられた背景には、年々増加している虐待を受
けた子どもの保護や家族への支援、要保護児童や要支援児童等の在宅支援等において、より
多くの専門職が求められている現状があります。そこで、子どもやその保護者に対して相談
支援等を行う児童相談所、市区町村、児童福祉施設をはじめとした、子ども家庭福祉に係る
支援を行う幅広い現場で活用できる知識を身につけた専門職の養成が必要であるとの判断に
至った経緯があります。

　こども家庭ソーシャルワーカーは、人権保障や多様性の尊重といったソーシャルワークの
理念に基盤を置き、子どもの最善の利益の保証を基盤とする支援を行うことが求められてい
ます。子どもの身体的・心理的な発達段階に関する正しい知識や発達上のニーズを理解する
とともに、子ども家庭が置かれている環境も考慮しながら様々な支援につなげるという視点
も大切です。さらには保健医療、貧困、司法、保育、教育など、関連領域のサービスを提供
する関係機関と協働しながら支援を進めることも必要となります。こども家庭ソーシャル

ワーカーはこうした総合的な専門性をもつことで、子ども家庭の権利保障に向けた支援を行う存在となることが期待されています。

4 »»» これらの動きが意味すること

こども家庭庁の設置、こども基本法の施行、そしてこども家庭ソーシャルワーカーの創設に共通することは何でしょうか。まず1点目は、施策決定を担当する政府において子どもの声を聴き、施策に反映させていくという姿勢が強く打ち出された点です。これまで当事者の身になった政策やサービスが重要であるとの認識はありましたが、子どもの声を直接取り入れる機会の設定などについては、必ずしも十分に取り組まれてきませんでした。こども基本法では、子どもの意見表明の機会の保障を重視していることが明文化されました。またこども家庭庁でも「こども若者★いけんぷらす」を設置するなどの取り組みのほか、SNSも活用しつつ、こどもの声を聴く機会を設けるなどの取り組みを挙げています。

2点目は、子どもの権利保障がさらに強調されていることです。子どもの権利の中でも特に今回強調されているのが、いわゆる能動的権利といわれる自ら意見を表明したり、行動したりする機会を保障するという点です。能動的権利とは自らが主体的に行使することで保障される権利で、意見表明の他、思想や宗教の自由などが含まれます。大人はこうした権利を主体的に行使できる場を子どもに提供すること、そして子どもが「自分たちには主体的に発信する権利があるんだ」と思えるように支援することが不可欠となります。

3点目は、こうした施策が必要となった背景でもある子どもの権利が脅かされる社会状況に対し、大人は早急に改善する必要があるという問題意識をもつことです。これまでも子ども家庭を支援する資格が存在したにも関わらず、新たな資格をつくった背景には、子どもへの虐待、障害や医療的ケア、ヤングケアラー、貧困、外国にルーツをもつ子どもなど、子どもが安心して安全な場所で日々を生き、学ぶことを妨げるような課題がある一方で、それを改善するためのマンパワーが十分ではない状況があったからでした。

こども家庭ソーシャルワーカーになるルートの一つには、保育士としての勤務経験も含まれています。福祉の問題は福祉の相談援助の専門職が行うということではなく、子育てに対し、身近な支援者としての保育士が携わる相談支援も専門的なものとして位置づけ、それを活かしていくことを意味しているのです。

第15章

第2節　諸外国での子ども家庭支援から学ぶ

1 ≫≫≫ 諸外国での子どもや保護者の健やかな子育て・子育ちを支える取り組み

　子どもの権利保障は条文や条例で文章化されているだけでは十分ではなく、実際に保障されるための社会的な仕組みづくりが不可欠になります。なぜならば子どもは年齢や発達の状況から、大人よりも権利保障について自ら声をあげることが難しいからです。そこで海外での取り組みを二つ紹介します。

　一つ目は、子どもの権利を保障する仕組みである、イギリスの「子どもコミッショナー」です。ここでは、子どもの声を社会で聴くイギリスでの取り組みの特徴について、年次報告書から読み解いていきます。

　また、こども家庭庁が目指す「こどもまんなか社会」を実現するためには、子どもや子育て家庭を温かく受け入れる社会が不可欠です。そこで二つ目は「子どもを社会で歓迎する」取り組みを積極的に行っている例として、フィンランドの「ネウボラ」を紹介します。

2 ≫≫≫ 子どもの権利擁護のための中立機関の設置：イギリス

　イギリスには子どもの権利を擁護する機関として、子どもコミッショナー（Children's Commissioner）があります。子どもコミッショナーは、2004年の児童法により設置された機関で、子どもの声を代弁し、権利を保護する立場の人という意味をもちます。

　子どもコミッショナーは、政府や議会から独立した機関として設置されています。子どもや子育て家庭に関する様々な調査・研究を行い、レポートを提出し、政策提言を行います。扱うテーマは子どもの貧困、家庭内暴力、障害、親の精神疾患など多岐にわたります。新型コロナウイルスの感染拡大の時期には、ロックダウンにおいて子どもが経験したストレスや児童虐待などについても、報告書を公表しました。

　報告書のタイトルや構成からは、ただ多く聞く（Big Ask）だけではなく、聞いたことに対し大人が答えていく（Big Answer）という姿勢が感じられます。報告書は家族、コミュニティ、学校、仕事、社会的養育、よりよい社会についての調査結果により構成され、それぞれの最後には政策提言が記載されています。また、報告書は子ども版も作成されていて、子どもも内容を把握できる機会を提供するものとなっています。

　特筆すべき点は、非常に多くの子どもの声をアンケート調査で集め、その声を盛り込んだ

うえで報告書や提言が作成されていることです。例えば、2021年の子どもコミッショナーによる調査報告書「The Big Ask」では、4歳から17歳の子ども55万7,700人が調査に参加しました。また調査前には、4歳の子どもにも理解できる説明やプレ調査を行い、年齢に関わらず回答ができる工夫をしているとのことです。

さらに、調査回答者は特別支援教育を受けている子どもが5,200人、法令違反の若者支援チームから支援を受けている子ども2,200人、学習支援を必要とする子ども9万2,000人、ヤングケアラーの子ども6,000人などが含まれています。大人に聞こえてくる声だけを聴くのではなく、声を聴いてもらう機会が少なくなりがちな子ども、幅広い背景をもつ子どもの声を聴いていることも評価されるべき点と言えます。

3 ≫≫≫ きめ細やかな家族支援「ネウボラ」：フィンランド

フィンランドは、人口が約550万人の小さな国です。デンマークやスウェーデン、ノルウェーなどとともに、「北欧モデル」と言われる福祉政策を採用しています。北欧モデルとは市民の平等が社会の重要な価値観であり、高い税率である代わりに社会福祉サービスの多くが公的支援として提供され、公務員の数が多い「高負担、高福祉」というものです。最近は離婚や再婚、事実婚の増加、高齢化の進行なども社会問題となっていますが、フィンランドは福祉や男女平等などでは高い質を維持している国として知られています。

フィンランドの子ども家庭に対する姿勢として特徴的なのは、「子どもの誕生を歓迎しよう」という考えや支援制度が社会に根付いており、子どもの成長に応じて切れ目のない支援を提供する制度が充実している点です。

その具体策の一つが「育児パッケージ」です（**図15-1**）。妊娠すると家族は現金、または育児パッケージのいずれかの支援を受けることができます。「育児パッケージ」には、

図15-1　ベッドとしても使える育児パッケージの箱と育児パッケージの中身

出典：フィンランド大使館、東京ホームページ：フィンランドの子育て支援

子どもが生まれたときに家庭で買いそろえるような布団、洋服、下着などが入っています。こうした必要なものを行政機関から贈られることが、「子どもの誕生を社会がお祝いしています」というメッセージを示すものとなっています。またこれらが入っている硬い段ボール製の箱は、ベビーベッドとして使うことができるなど、実用性が高いものとなっています。さらに、このサービスを受けるためには妊婦検診を受けることが条件となっていることで、妊婦健診の受診率が高くなり、家族の心身の健康に関する問題の早期発見や予防にもつながっているのです。

次に紹介するのが「ネウボラ」です。「ネウボラ」とは「相談・アドバイスの場」を意味するフィンランド語で、妊娠期から就学前まで、子どもの成長・発達に対する細やかな支援を行う公的機関のことです。

ネウボラは妊娠期間中、そして出産後から子どもが小学校に入学するまで定期的に家族の支援を行います。同じ専門スタッフが最後まで担当するため、継続的で安定した支援を得られるようになっています。また、ネウボラでは子どもだけではなく、子どもの兄弟や母親、父親も心身の健康に関する支援を受けることができます。

ネウボラの利用者データは長期間保存され、支援を行う様々な機関が連携する際に活用されています。また、より福祉的な課題をもつ子育て家庭を対象とした「家族ネウボラ」という相談機関も設置されています。

【ワーク②】調べて書いてみよう！

日本でも、フィンランドの取り組みを参考にした育児パッケージなど、子育て家庭を応援する取り組みが行われています。いくつかの自治体での実践を自治体のホームページなどを検索して調べてみましょう。

1. どのような自治体がどのような支援をしていたか、いくつか書き出してみましょう。

2．どのような点が良いと思いましたか。

第3節　私たちに求められること

1 ≫≫ 「次世代育成支援」としての子ども家庭福祉の重要性

令和4（2022）年版の少子化対策白書によれば、予定する子どもの数が理想の子どもの数を下回ることが明らかです。若い世代の結婚や妊娠への不安や障壁を解消し、併せて子育てや教育に関する経済的負担を軽減することが重要課題となっています。

大切なのは、子育て支援とは少子化対策として必要なわけではなく、子ども家庭の幸せの向上につながる社会のありようとして重要ということです。子どもの数の減少と子育て支援が関連付けられた議論も少なくありません。しかし子ども、そして子育て家庭が幸せに暮らしている姿が社会に存在することで、親世代となる年代は結婚、妊娠や出産に安心して向き合えるようになります。そうした姿に接した子どもたちも将来に対する明るい気持ちを抱き、結果として少子高齢化問題の解決につながっていくのです。

2 ≫≫ 「誰一人取り残さない子ども家庭福祉」に向けた取り組み

ここでは、SDGs「Sustainable Development Goals（持続可能な開発目標）」の「誰一人取り残さない」という点も踏まえながら、子ども家庭福祉のあり方を考えてみます。

近年になって認識されてきた支援ニーズとしては、医療的ケア児、外国にルーツをもつ子ども、ヤングケアラーなどがあります。医療的ケア児とは、人工呼吸器や胃ろうなどを使用し、たんの吸引や経管栄養などの医療的ケアが日常的に必要な児童のことです。医療技術の発達により、難病や障害のある多くの子どもの命を救えるようになり、医療的ケアを受けながら生活することもできるようになりました。その一方で、医療的ケア児の受け入れが可能

第15章

な施設や学校は少なく、就学前施設や学校に通うことのできないケースはまだ多くあります。

外国にルーツをもつ子どもについては日本語支援の不足、保護者の育児ストレスや貧困問題などが指摘されています。また、思春期の子どもはアイデンティティの確立でも苦労していることが、多くの研究や支援者により指摘されてきました。ヤングケアラーとは本来、大人が担うとされている家事や家族の世話などを日常的に行っている18歳未満の子どものことで、時間的、心理的な負担の重さにより、学業や友人関係などに使う時間がなくなるなどの影響が及んでいます。ヤングケアラーの子どもたちは、これまで十分に可視化されることがなく、その辛さを口に出す場をもたないまま、社会的に孤立した生活を送ってきました。

3 ≫≫≫ 地域での連携と連帯の重要性

1項と2項で挙げたのは、いずれも様々な生活環境や社会的障壁を経験することで、子どもとしてのニーズを満たすことができない状況の例です。SDGsの「誰一人取り残さない」という理念は、社会からは見えづらいけれど、困難に直面している子どもの声も届くような社会づくりによって達成が可能となります。

そのために大切なのが、様々な立場の人々との連携、そして連帯です。「子どもの権利を保障する」ということは、一個人の思いだけでできるものではありません。福祉や保育の専門職である・ないに関わらず、SDGsの理念や目標を私たちの地域や立場の状況に照らして何ができるのか、どんな協力をし合うことで実現できるのかを考え、行動することが求められています。

【参考文献】
Children's Commissioner for England: The Big Ask: Big Answers（ウェブページ）
フィンランド大使館、東京ホームページ：フィンランドの子育て支援
日本総研ホームページ：池本美香「子どもの権利保護・促進のための独立機関設置の在り方」『JRIレビュー』
　　　Vol.6,No.101、pp.56-72、2022年
こども家庭庁 Web：資料「こども基本法パンフレット」（PDF）
厚生労働省ホームページ：子ども家庭福祉の認定資格の取得に係る研修等に関する検討会　とりまとめ（PDF）（令
　　　和5年3月29日）
内閣官房ホームページ：こども政策の推進（こども家庭庁の設置等）
内閣官房ホームページ：こども政策の推進（こども家庭庁の設置等）こども向け資料「こども家庭庁について」（PDF）
　　　内閣官房　こども家庭庁設立準備室（令和4年9月）
Kera: Maternity package | Our Services（ウェブページ）

［南野奈津子］

編著者紹介

髙玉和子（たかたま・かずこ）

駒沢女子短期大学名誉教授、松蔭大学コミュニケーション文化学部非常勤講師

[主な著書]

『保育士を育てるシリーズ④「子育て支援」』（共著、一藝社、2020 年）

『保育士を育てるシリーズ⑨「子ども家庭支援論」』（共著、一藝社、2020 年）

『改訂版　教職用語辞典』（共著、一藝社、2019 年）

『実践力がつく保育実習　改訂版』（共著、大学図書出版、2019 年）

『コンパクト版 保育者養成シリーズ「新版 児童家庭福祉論」』（共著、一藝社、2018 年）

『これから学ぶ・理解する社会福祉』（共著、一藝社、2023 年）

など

和田上貴昭（わだがみ・たかあき）

日本女子大学家政学部・児童学科准教授

[主な著書]

『改訂1版　第5巻　社会的養護と障害児保育』

　　（共著、全国社会福祉協議会、2023 年）

『四訂 子どもの福祉－子ども家庭福祉のしくみと実践－』（共著、建帛社、2020 年）

『Let's have a dialogue！ワークシートで学ぶ施設実習』（共著、同文書院、2020 年）

『保育実習指導のミニマムスタンダード　Ver.2　「協働」する保育士養成』

　　（共著、中央法規出版、2018 年）

『保育者養成シリーズ「改訂版 保育相談支援」』（共著、一藝社、2018 年）

『これから学ぶ・理解する社会福祉』（共著、一藝社、2023 年）

など

執筆者紹介

和田上貴昭（わだがみ・たかあき）……………………………………………第1章
　　　編著者紹介参照

稲垣美加子（いながき・みかこ）………………………………………………第2章
　　　淑徳大学総合福祉学部社会福祉学科、同大学院総合福祉研究科社会福祉学専攻教授

五十嵐裕子（いがらし・ゆうこ）………………………………………………第3章
　　　浦和大学こども学部こども学科教授

村田典子（むらた・のりこ）……………………………………………………第4章
　　　流通経済大学社会学部社会学科教授

吉田直哉（よしだ・なおや）……………………………………………………第5章
　　　大阪公立大学大学院現代システム科学研究科准教授

千葉弘明（ちば・ひろあき）……………………………………………………第6章
　　　東京家政大学子ども支援学部子ども支援学科准教授

末松　惠（すえまつ・めぐみ）………………………………………………第7章
　　　日本女子大学学術研究員

野澤純子（のざわ・じゅんこ）・・・・・・・・・・・・・・・・・・・・・・・・・・・・・・・・・・・・第 8 章
　　　國學院大學人間開発学部子ども支援学科教授

橋本　樹（はしもと・たつき）・・・・・・・・・・・・・・・・・・・・・・・・・・・・・・・・・・・・・第 9 章
　　　横浜高等教育専門学校児童科保育課程専任教員

平澤一郎（ひらさわ・いちろう）・・・・・・・・・・・・・・・・・・・・・・・・・・・・・・・・・第10章
　　　長岡こども・医療・介護専門学校こども保育科学科長

長瀬啓子（ながせ・けいこ）・・・・・・・・・・・・・・・・・・・・・・・・・・・・・・・・・・・・・第11章
　　　東海学院大学人間関係学部子ども発達学科准教授

大村海太（おおむら・かいた）・・・・・・・・・・・・・・・・・・・・・・・・・・・・・・・・・・・第12章
　　　桜美林大学健康福祉学群保育領域保育学専攻助教

耕田昭子（こうだ・しょうこ）・・・・・・・・・・・・・・・・・・・・・・・・・・・・・・・・・・・第13章
　　　明治学院大学社会学部付属研究所研究員

髙玉和子（たかたま・かずこ）・・・・・・・・・・・・・・・・・・・・・・・・・・・・・・・・・・・第14章
　　　編著者紹介参照

南野奈津子（みなみの・なつこ）・・・・・・・・・・・・・・・・・・・・・・・・・・・・・・・・第15章
　　　東洋大学福祉社会デザイン学部子ども支援学科教授

これから学ぶ・理解する子ども家庭福祉

2024年3月1日　初版第1刷発行

編著者　髙玉和子・和田上貴昭

発行者　小野道子

発行所　株式会社 一藝社
〒160-0014　東京都新宿区内藤町1-6
Tel. 03-5312-8890　Fax. 03-5312-8895
E-mail : info@ichigeisha.co.jp
HP : http://www.ichigeisha.co.jp
振替　東京00180-5-350802
印刷・製本　モリモト印刷株式会社